고득점 합격의 지름길

도덕

행복한 상상, 바른교육
정훈사

자료 출처 : 한국교육과정평가원(http://www.kice.re.kr)
서울특별시 교육청(http://www.sen.go.kr)

머리말

시작이 반이다.

무엇이든지 시작한다는 것은 매우 중요합니다.

그동안 여러 사정으로 배움의 길에서 멀어졌던 수험생 여러분에게 다시 공부한다는 것은 매우 힘들고 두려울 수도 있습니다. 그러나 앞으로의 자기 발전을 위해서는 지금 시작해야 한다는 결심이 중요합니다.

도덕은 다른 과목에 비해서 쉽다고 생각해 응시자가 많은 과목 중 하나입니다. 하지만 기본 상식 수준을 벗어나는 문제도 출제되기 때문에 각 부분의 기본 개념을 이해하고 기출문제를 포함하여 다양한 문제를 풀어보는 것이 좋습니다. 이 책의 특징은 다음과 같습니다.

> 첫째, 새롭게 개정된 교육과정을 반영하고, 교과 내용을 빈틈없이 분석하여 구성한 최신간입니다.
>
> 둘째, 단원마다 중요 개념과 원리를 보다 쉽고 정확하게 이해할 수 있도록 교과 내용을 체계적이고 논리적으로 정리하였습니다.
>
> 셋째, 학습 내용을 바로 확인할 수 있도록 문제를 구성하고 어려운 내용을 보다 쉽게 이해할 수 있도록 해설하였습니다.
>
> 넷째, 기출문제를 분석하여 자주 출제되는 유형을 체크하고 문제마다 꼼꼼한 해설을 붙였습니다. 그리고 문제 해결력과 응용력을 길러 주는 단원 마무리 문제를 구성, 문제의 유형을 파악할 수 있도록 하였습니다.

새롭게 시작하는 수험생 여러분에게 이 책이 조금이라도 도움이 되어 합격의 영광이 있기를 바랍니다.

편저자일동

시험안내

1. 고시일정

회 차	공고일	접수일	시험일	합격자 발표
제1회	1월 말~2월 초	2월 초~중순	4월 초~중순	5월 중순~말
제2회	5월 말~6월 초	6월 초~중순	7월 말~8월 초	8월 말

2. 고시과목(6과목)

① 필수 4과목 : 국어, 사회, 수학, 과학
② 선택 2과목 : 도덕, 체육, 음악, 미술, 실과, 영어

3. 응시자격

① 검정고시가 시행되는 해의 전(前)년도를 기준으로 만 11세 이상인 사람으로서 초등학교 교육과정을 이수하지 아니한 사람
② 초등학교(특수학교 포함) 재학생 중 만 11세 이상인 사람으로서 학적이 정원 외로 관리되는 사람
③ 보호소년 등의 처우에 관한 법률 시행령 제69조 제1호에 해당하는 사람

4. 응시자격 제한

① 초등학교를 졸업한 사람
② 초등학교(특수학교 포함) 재학 중인 사람
③ 공고일 이후 초등학교(특수학교 포함)에 재학 중 학적이 정원 외로 관리되는 사람
④ 공고일 기준으로 고시에 관하여 부정행위를 한 사람으로서 처분일부터 응시자격 제한기간이 경과되지 아니한 사람

5. 제출서류(현장접수)

① 응시원서(소정서식) 1부

② 동일한 사진 2매(탈모 상반신, 3.5cm×4.5cm, 3개월 이내 촬영)

③ 본인의 해당 최종학력증명서 1부

- 졸업(졸업예정)증명서(소정서식)
- 초등학교 및 중학교 의무교육 대상자 중 정원 외 관리대상자는 정원 외 관리증명서
- 초등학교 및 중학교 의무교육 대상자 중 면제자는 면제증명서(소정서식)
- 평생교육법 제40조, 초·중등교육법 시행령 제96조제1항제2호 및 제97조제1항제3호에 따른 학력인정 대상자는 학력인정(증명)서
- 합격과목의 시험 면제를 원하는 사람은 과목합격증명서 또는 성적증명서

④ 신분증 : 주민등록증, 외국인등록증, 운전면허증, 대한민국 여권, 청소년증 중 하나

⑤ 추가 제출 서류

- 장애인 편의제공 대상자는 복지카드 또는 장애인등록증 사본(원본 지참), 장애인 편의제공 신청서, 상이등급 표시된 국가유공자증(국가유공자확인원)
- 과목면제 해당자 중 평생학습계좌제가 평가 인정한 학습과정 중 시험과목에 관련된 과정을 90시간 이상 이수한 사람은 평생학습이력증명서

6. 출제형태

① 출제유형 : 객관식 4지 선다형

② 문항수 및 배점 : 각 과목별 20문항, 1문항당 5점

③ 출제범위 : 2015 개정 교육과정

④ 합격점수 : 각 과목을 100점 만점으로 하여 평균 60점 이상
   ※ 평균이 60점 이상이라 하더라도 결시과목이 있을 경우에는 불합격 처리함

시험에 관한 자세한 사항은 해당 시·도 교육청 홈페이지에서 시험공고문을 확인하시기 바랍니다.

차 례

CHAPTER 03

사회·공동체와의 관계

CHAPTER 04

자연과 국가

이 책의 구성

학습 point⁺

기출문제를 바탕으로 반드시 학습해야 할 이론과 출제 빈도가 높은 단원을 분석하여 미리 학습 방향을 제시했어요.

바로바로 확인 ▶▶

학습한 이론이 실제 어떻게 출제되는지 확인할 수 있도록 기출 문제를 바로 실었으니 내 실력을 바로 확인해 보세요.

중요⁺

시험에 자주 나오는 중요 이론을 요약하고 표시를 했어요. 이것만은 꼭! 알아두세요.

더 알아두기

본문에 나오는 내용을 좀 더 깊이 있게 설명하였으니, 가벼운 마음으로 읽어보세요.

콕! 찍어주는 핵심정리

공부한 내용을 복습할 수 있도록 구성했어요. 같은 내용이 반복되더라도 꼭 읽어두세요.

실전 예상 문제

기출문제를 꼼꼼하게 분석해 자주 나오는 문제를 선별하여 예상문제와 함께 실었으니, 이젠 내것으로 만들어보세요.

단원 마무리 문제

단원마다 배운 내용을 잊지 않도록 단원 마무리 문제를 수록하였으니 차근차근 풀어 보면서 실제 시험에 대비하세요.

Chapter 01

자신과의 관계

Chapter 01 자신과의 관계

정직한 행동과 정직한 생활의 예에 대해 이해하고, 다양한 감정과 욕구의 특징, 감정과 욕구를 조절하는 방법을 숙지하고 정리해야 한다. 자주적인 생활에 관한 문제와 최선을 다하는 성실한 생활, 도덕적 성찰이 중요한 이유에 대해서는 자주 출제되며, 이와 함께 책임을 다 하는 삶과 긍정적인 생활에 대해서도 반드시 학습하도록 한다.

01 바르고 떳떳하게

(1) 정직의 의미

남을 속이지 않는 것뿐만 아니라 자기 자신을 속이지 않는 것이다.

(2) 정직한 행동 중요⁺

① 숨김없이 행동하는 것
② 잘못을 솔직하게 말하는 것
③ 거짓말을 하지 않는 것

> **바르로 확인**
>
> **정직한 행동으로 가장 적절한 것은?**
> ① 나의 실수를 친구에게 떠넘긴다.
> ② 나 자신과 한 약속을 항상 어긴다.
> ③ 보는 사람이 없으면 규칙을 지키지 않는다.
> ❹ 친구에게 거짓말을 하지 않고 솔직하게 말한다.

(3) 정직한 행동을 해야 하는 이유

① 정직하지 못하면 다른 사람이 나를 믿어 주지 않기 때문이다.
② 믿음이 깨지면 외톨이가 되고, 결국 행복하게 살아갈 수 없기 때문이다.
③ 믿음은 한 번 깨지면 회복하기가 쉽지 않기 때문이다.

용어설명 정직한 행동을 하는 데 필요한 것 : 용기와 순수한 마음

(4) 정직한 생활의 예

① 다른 사람과 한 약속을 잘 지킨다.
② 컴퓨터는 건전한 정보만을 이용하기로 한 약속을 지킨다.
③ 숙제, 시험 등을 베끼거나 훔쳐보지 않는다.

④ 교통질서 등 각종 규칙을 지킨다.

⑤ 용돈을 아껴 쓰기로 한 계획을 실천한다.

⑥ 일기를 거짓으로 쓰지 않는다.

⑦ 자신이 잘못한 일을 솔직하게 인정하고 밝힌다.

⑧ 상대방 입장해서 생각해 본다.

⑨ 지각을 했을 경우 선생님께 이유를 정직하게 말씀드린다.

⑩ 물건을 사고 더 받은 거스름돈은 다시 되돌려 드린다.

(5) 정직한 행동을 하기 위한 생활태도

① 자신의 잘못된 점을 고치려는 용기와 실천이다.

② 자신과 다른 사람에게 거짓된 행동을 하지 않는다.

③ 정직하지 못한 행동을 했을 때 반성하는 자세를 갖는다.

(6) 정직하지 않은 행동의 결과

① 거짓말을 할 경우

  ㉠ 거짓말이 습관이 돼서 계속 하게 된다.

  ㉡ 자신의 잘못된 행동에 책임지려는 자세가 없어진다.

② 거짓으로 반성할 경우

  ㉠ 잘못을 반성할 수 있는 기회를 잃게 된다.

  ㉡ 잘못된 행동을 계속 하게 된다.

  ※ 거짓말을 하거나 거짓으로 반성할 경우 다른 사람들로부터 믿음을 잃게 되며, 사회생활에서 외톨이가 된다.

(7) 정직, 용기, 성실, 양심의 관계

정직	자신과 다른 사람에게 거짓이나 꾸밈없는 솔직한 마음이다.
용기	자신의 잘못과 실수를 인정하고, 용서받는다.
성실	마땅히 해야 할 일에 정성과 최선을 다한다.
양심	옳고 그름을 판단하여 바르게 행동하려는 마음가짐이다.

※ 정직한 사람

• 사실대로 말할 수 있는 용기가 있으며, 책임감이 있고, 약속을 잘 지키는 성실한 사람이다.

• 양심적으로 행동하며, 양심적인 사람은 정직하게 행동한다. 그러므로 정직과 양심은 따로 떼어놓고 생각하거나 행동하는 것이 아니라 항상 함께 생각하고 행동하는 것이 옳다.

용어 설명 선의의 거짓말

피해나 상처를 주지 않고 다른 사람에게 이로움이나 도움을 주기 위해서 하는 거짓말

두 친구의 선택

두 친구가 돈이 들어 있는 지갑을 주웠다. 연락할 수 있는 신분증이 들어 있지 않았다. 불우이웃 돕기에 쓰자는 의견과 파출소에 가서 신고하자는 의견으로 나뉘었다.

• 두 사람의 의견에 대한 생각

- 불우이웃 돕기 : 주인을 찾아 줄 수 없기 때문이다.
- 파출소에 신고하기 : 아무리 좋은 일에 써도 남의 돈으로 착한 일을 하는 것은 옳지 않기 때문이다.

• 어느 의견을 선택하는 것이 옳은가?

두 의견이 모두 틀리지는 않지만, 파출소에 신고하는 것이 법적으로 옳다.

01 바르고 떳떳하게

01 정직이란 남을 속이지 않는 것뿐만 아니라 자기 자신을 속이지 않는 것이다.

02 정직하지 못한 행동을 했을 때 반성하는 자세를 갖는다.

03 거짓말을 하거나 거짓으로 반성할 경우 다른 사람들로부터 믿음을 잃게 되며, 사회생활에서 외톨이가 된다.
- 거짓말을 할 경우 거짓말이 습관이 돼서 계속 하게 되고, 자신의 잘못된 행동에 책임지려는 자세가 없어진다.
- 거짓으로 반성할 경우 잘못을 반성할 수 있는 기회를 잃게 되며, 잘못된 행동을 계속 하게 된다.

04 양심은 옳고 그름을 판단하여 바르게 행동하려는 마음가짐이다.

05 정직한 사람은 사실대로 말할 수 있는 용기가 있으며, 책임감이 있고, 약속을 잘 지키는 성실한 사람이다.

06 선의의 거짓말은 피해나 상처를 주지 않고 다른 사람에게 이로움이나 도움을 주기 위해서 하는 거짓말이다.

01 그림은 교사와 학생의 대화이다. 다음 상황에서 학생에 게 해줄 수 있는 가장 적절한 말은?

① 물을 아껴 써야 해.

② 친구와는 사이 좋게 지내야 해.

③ 쓰레기는 쓰레기통에 버려야 해.

④ 자신에게 떳떳하려면 솔직하게 대답해야 해.

02 다음 중 우리가 지켜야 할 가장 기본적인 마음가짐은?

① 공정　　　　　② 존중

③ 정직　　　　　④ 성실

03 다음 중 정직한 생활 태도를 가진 경우는?

① 유리창을 깼는데 아무도 본 사람이 없어서 말하 지 않았다.

② 길에서 주운 물건을 내가 가졌다.

③ 내가 불리하면 거짓말을 할 수도 있다.

④ 자신의 잘못을 인정한다.

01

정직한 행동은 거짓말을 하지 않고, 잘 못을 솔직하게 말하는 것이다.

02

정직이란, 말과 행동이 거짓이 없고 바 르고 곧은 마음으로 우리가 지켜야 할 가장 기본적인 마음가짐이다.

03

① 자신의 잘못은 솔직하게 인정해야 한다.

② 길에서 주운 물건은 자신의 것이 아 니므로 가져서는 안 된다.

③ 거짓말은 다른 사람의 믿음을 받을 수 없으므로 해서는 안 된다.

ANSWER

01. ④　02. ③　03. ④

04 다음 중 ㉠에 들어갈 말은?

기출

나의 (㉠) 지수 알아보기			
항목	잘함	보통	못함
	5점	3점	1점
내가 실수한 것을 인정한다.			
나 자신과 남을 속이지 않는다.			
보는 사람이 없어도 규칙을 잘 지킨다.			

① 불쾌
② 정직
③ 환경
④ 애향심

05 우리 주변에서 일어나는 정직하지 못한 경우는?

① 서로 잃어버린 돈의 주인이라고 나서는 일
② 친구와 서로 돕고 지내는 일
③ 돈을 주웠는데 선생님께 갖다드린 일
④ 자신의 잘못을 깨닫고 용서를 구하는 일

06 다음 중 정직하지 않은 행동의 결과로 옳지 않은 것은?

① 잘못을 반성할 수 있는 기회를 잃게 된다.
② 거짓말이 습관이 돼서 계속 하게 된다.
③ 잘못된 행동을 다시는 하지 않게 된다.
④ 자신의 잘못된 행동에 책임지려는 자세가 없어진다.

04

정직한 사람은 사실대로 말할 수 있는 용기가 있으며, 책임감이 있고, 약속을 잘 지키는 성실한 사람이다.

05

① 서로 잃어버린 돈의 주인이라고 나서는 것이 아니고, 주인을 찾아 주기 위해 노력하는 것이 정직한 것이다.

06

정직하지 않은 행동의 결과
• 거짓말을 할 경우 : 거짓말이 습관이 돼서 계속 하게 되며, 자신의 잘못된 행동에 책임지려는 자세가 없어진다.
• 거짓으로 반성할 경우 : 잘못을 반성할 수 있는 기회를 잃게 되며, 잘못된 행동을 계속 하게 된다.

A N S W E R
04. ② **05.** ① **06.** ③

07
기출 다음 글에서 엿볼 수 있는 안중근의 마음가짐과 가장 관련이 깊은 것은?

> 안중근은 어릴 적에 아버지께서 아끼시는 귀한 벼루를 깨뜨렸습니다. 이것을 본 하인은 안중근이 혼날 것을 염려해 자기가 깨뜨렸다고 할 테니 걱정하지 말라고 했습니다. 그러나 안중근은 "거짓말은 하기 싫어요."라고 말했습니다.
> ※ 안중근은 일제의 침략에 맞서 우리 민족의 독립을 위해 노력한 독립 운동가이다.

① 나눔 　　　　② 사랑
③ 정직 　　　　④ 존중

07
정직이란 잘못을 했을 때 자신의 실수를 덮으려 거짓말을 하거나 다른 사람에게 떠넘기지 않고 솔직하게 말하는 것이다.

ANSWER
07. ③

02 내 안의 소중한 친구, 감정

(1) 감정과 욕구의 의미

① **감정** : 어떤 현상이나 일이 일어났을 때 드는 마음이나 기분이다.

② **욕구** : 무엇을 얻거나 무슨 일을 하고자 바라는 마음의 움직임이다.

(2) 다양한 감정과 욕구의 모습

긍정적인 감정과 욕구	• 감정 : 행복하다, 만족한다, 짜릿하다, 신난다, 유쾌하다, 뿌듯하다, 즐겁다, 감사하다, 상쾌하다, 사랑스럽다, 편안하다 등 • 욕구 : 갖고 싶다, 도전하고 싶다 등
부정적인 감정과 욕구	• 감정 : 귀찮다, 우울하다, 억울하다, 미안하다, 걱정된다, 후회된다, 부끄럽다, 섭섭하다, 불쾌하다, 서럽다, 불안하다 등 • 욕구 : 포기하고 싶다, 소리치고 싶다, 괴롭히고 싶다 등

(3) 감정의 역할과 중요성

① **역할** : 감정은 신호의 역할을 하는데, 내가 가진 감정을 소중히 여겨야 마음의 건강을 지키고 행복해진다.

  ㉠ **행복** : 긍정의 에너지로 충전시키고, 정서적 안정감을 느끼게 하는 역할을 한다.

  ㉡ **부끄러움** : 자신의 잘못된 부분이나 행동을 알아차리고 그 행동을 돌아보게 만들어 다시는 이런 일이 반복되지 않도록 하는 역할을 한다.

  ㉢ **분노** : 원하는 것이 좌절되었을 때 우리가 얼마나 원하는 것이 있는지 상대에게 표현하는 역할을 한다.

  ㉣ **혐오** : 대상으로 우리를 멀리 있게 함으로 우리를 안전하고 쾌적함을 유지할 수 있도록 돕는 역할을 한다.

② **중요성** : 감정은 행복함이나 우울함을 느끼는 것인데, 감정이 없으면 삶이 매우 삭막해지고, 다른 사람의 마음을 이해할 수 없다.

(4) 감정과 욕구가 일어나는 대로 행동할 때

① 꼭 해야 하는 일을 귀찮다거나 하고 싶지 않다고 해서 하지 않으면 신뢰를 잃을 수 있다.

② 화나는 감정을 참지 못함으로 다른 사람과 다툼이 일어나 후회할 수 있다.

③ 자신이 하고 싶은 대로 행동하면 다른 사람들이 피하거나 싫어하게 될 수 있다.

④ 힘들어하는 친구 앞에서 현재 자신의 기쁜 감정만 드러내는 행동을 하면 친구의 마음에 상처를 줄 수 있다.

⑤ 사소한 일에도 자주 짜증을 내면 어떤 상황에서든 부정적으로 받아들이는 습관이 생길 수 있다.

(5) 감정과 욕구를 잘 다스리는 사람의 특징

① 다양한 감정이 발생하는 원인을 알고 적절하게 다스리고 표현할 수 있다.

② 어떠한 상황에서도 지혜로운 판단을 내릴 수 있다.

③ 자신은 물론 다른 사람을 도와줄 수 있는 능력이 있다.

※ 자신의 감정을 잘 표현하지 못하고 마음에 안 좋은 감정을 계속 담아두면 몸과 마음이 괴롭고 힘들어지며 거짓말까지 하게 된다. 또한 다른 사람이 나의 감정을 알아차리지 못한다.

분노 조절 장애

• 분노를 참거나 조절하는 데 어려움을 겪는 것이다.

• 사소한 일에도 화를 참지 못하고 공격적인 말과 행동을 보인다.

• 문제를 해결하기 위한 방법으로 분노가 효과적이라고 생각한다.

• 이성적으로 생각하지 못하고 주변의 사람이나 사물에 폭력을 행사한다.

• 분노를 표현한 이후에 뒤늦게 후회하고 공허함을 느끼며 힘들어한다.

(6) 감정과 욕구를 조절하는 방법 중요+

1단계 멈추기	• 잠시 멈추고 심호흡을 하고, 명상을 하며 마음을 편안히 한다. • 감정과 욕구를 그대로 표현하면 상대방에게 상처를 줄 수 있으므로, 감정과 욕구를 일단 가라앉히고 진정한다. • '나는 소중한 사람이다', '나는 능력있는 사람이다', '나는 사소한 일로 화내지 않는다' 등 여러 가지 상상을 해 본다. • 좋은 생각이나 아름다운 추억을 떠올려 본다. • 숫자 거꾸로 세기 등을 해보며 마음을 진정시킨다.
2단계 생각하기	• 감정과 욕구대로 행동하면 어떤 일이 벌어질지 먼저 생각해 보고 상대방과 입장을 바꾸어 다시 한 번 생각한다. • 긍정적으로 생각한다. • 현재 느끼는 감정을 말이나 글로 잘 정리해본다.
3단계 표현하기	• 상대방의 입장을 존중하며 나의 마음을 성숙하게 표현한다. • 말로 표현하기 어렵다면 편지를 통해 마음을 전달한다.

바로 확인

감정을 조절하는 방법으로 바람직한 것을 〈보기〉에서 고른 것은?

보기
ㄱ. 무조건 참기
ㄴ. 긍정적으로 생각하기
ㄷ. 상대방에게 폭력 가하기
ㄹ. 입장을 바꾸어 생각하기

① ㄱ, ㄴ　　② ㄱ, ㄷ
③ ㄴ, ㄷ　　❹ ㄴ, ㄹ

콕! 짚어주는 핵심정리

02 내 안의 소중한 친구, 감정

01 감정은 어떤 현상이나 일이 일어났을 때 드는 마음이나 기분으로 신호의 역할을 한다.

02 욕구는 무엇을 얻거나 무슨 일을 하고자 바라는 마음의 움직임이다.

03 행복은 긍정의 에너지로 충전시키고, 정서적 안정감을 느끼게 하는 역할을 한다.

04 자신의 잘못된 부분이나 행동을 알아차리고 그 행동을 돌아보게 만들어 다시는 이런 일이 반복되지 않도록 하는 역할을 하는 것은 부끄러움이다.

05 분노는 원하는 것이 좌절되었을 때 우리가 얼마나 원하는 것이 있는지 상대에게 표현하는 역할을 한다.

06 대상으로 우리를 멀리 있게 함으로 우리를 안전하고 쾌적함을 유지할 수 있도록 돕는 역할을 하는 것은 혐오이다.

07 분노 조절 장애는 분노를 참거나 조절하는 데 어려움을 겪는 것이다.

08 감정과 욕구를 조절하는 방법은 멈추기 → 생각하기 → 표현하기이다.

01 다음 중 감정을 다스리는 방법으로 바람직하지 <u>않은</u>
기출 것은?

① 충동적으로 행동한다.

② 잠시 멈추고 심호흡을 한다.

③ 명상을 하며 마음을 편안히 한다.

④ 좋은 생각이나 아름다운 추억을 떠올려 본다.

02 감정과 욕구를 조절하는 방법을 단계별로 순서대로 설
명한 것은?

> ㉠ 생각하기 ㉡ 표현하기
> ㉢ 멈추기

① ㉠ → ㉡ → ㉢   ② ㉡ → ㉢ → ㉠

③ ㉢ → ㉠ → ㉡   ④ ㉢ → ㉡ → ㉠

03 감정과 욕구를 적절하게 조절하거나 표현하는 방법이
기출 <u>아닌</u> 것은?

① 감정과 욕구를 일단 가라앉히고 진정한다.

② 상대방의 입장을 존중하고 내 마음을 표현한다.

③ 감정과 욕구대로 행동하면 어떤 일이 벌어질지
생각해 본다.

④ 상대방의 입장을 생각하지 않고, 나의 감정을 있
는 그대로 표현한다.

01

감정과 욕구대로 충동적으로 행동하면
어떤 일이 벌어질지 먼저 생각해 보고
행동한다.

02

감정과 욕구를 조절하는 방법 : 멈추기
→ 생각하기 → 표현하기

03

④ 상대방의 입장을 먼저 생각하고, 나
의 감정을 있는 그대로 표현하지 않
는다.

- - ANSWER - - - - - - - - - - -
01. ① **02.** ③ **03.** ④

04 ㉠에 공통으로 들어갈 말은?

기출

> • (㉠)은 어떤 현상이나 일이 일어났을 때 드는 마음이나 기분이다.
> • (㉠)은 '행복하다', '귀찮다', '우울하다', '만족하다' 등 다양하다.

① 감정　　　　② 규칙

③ 실천　　　　④ 행동

05 그림에 있는 말과 가장 관련 있는 것은?

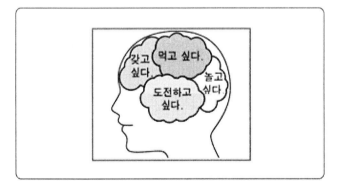

① 부정　　　　② 양심

③ 욕구　　　　④ 의무

03 내가 주인이 되는 자주적인 생활

(1) 자주적인 생활

일이나 행동을 선택하고 실천할 때에 내가 스스로 주인이 되어 판단하고 선택에 스스로 책임을 지는 생활을 말한다.

(2) 자주적인 생활의 특징 중요⁺

① 남이 하는 대로 좇아서 행동하지 않는다.

② 무조건 유행에 따르지 않고, 그것이 나에게 잘 맞는 것인지 살펴본다.

③ 자신이 스스로 하고, 누구의 도움이 없어도 해낼 수 있다.

④ 해야 할 일과 해서는 안 될 일을 구분하여 바르게 살아간다.

⑤ 자주적인 사람은 남에게 의존하지 않고, 스스로의 판단, 선택, 능력으로 맡은 일을 훌륭하게 해낸다.

> **바로 확인 ▶▶**
>
> 다음 중 자주적인 사람의 특징으로 가장 적절한 것은?
>
> ① 쉽게 포기한다.
> ② 남에게 의지한다.
> ❸ 어려움을 스스로 헤쳐 나간다.
> ④ 남이 하는 것을 무조건 따라한다.

더 알아두기

자주적인 사람의 특징 중요⁺

• 어려움을 스스로 헤쳐 나간다.
• 책임감이 있다.
• 쉽게 포기하지 않는다.
• 해야 할 일을 미루지 않는다.
• 남에게 의지하지 않고 스스로 판단하고 선택하고 실천한다.

(3) 자주적인 행동이 중요한 이유

① 스스로 계획을 세워 실천할 수 있다.

② 개성을 살릴 수 있어 보람을 느낀다.

③ 남이 하는 대로 따르지 않고 스스로 할 수 있으니까 나 자신이 든든한 느낌이 든다.

④ 일을 하는 데 자신감이 생긴다.

⑤ 다른 사람의 불필요한 간섭을 받지 않아 좋다.

⑥ 책임감의 의미를 깨닫게 된다.

(4) 스스로 실천할 수 있는 자주적인 생활

가정에서	• 1주일에 책을 1권씩 읽기 • 부모님 심부름 잘 해 드리기	• 내 방은 내가 청소하기 • 집 안 청소 도와 드리기
학교에서	• 운동장에 쓰레기 버리지 않기와 줍기 • 우리 교실 정리 정돈 내가 먼저 하기 • 학습 준비물 제대로 갖추기	
마을·놀이터 ·공원에서	• 같이 쓰는 기구 아껴 쓰기 • 이웃 친구들과 사이좋게 지내기	• 쓰레기 버리지 않기와 줍기

(5) 자주적인 생활을 위한 다짐

① 나는 주변에 살아 있는 생명체에 대하여 늘 관심을 가지고 돌보겠다.

② 나는 숙제를 내 힘으로 해결하겠다.

③ 내가 도울 수 있는 일은 스스로 찾아서 하겠다.

④ 내 방이나 책상은 내가 스스로 정리하겠다.

⑤ 나는 건강을 지키기 위해 스스로 계획을 세워 운동을 하겠다.

(6) 자주적인 생활을 하는 방법

① 자신의 시간을 마음대로 보낼 때의 좋은 점과 문제점

좋은 점	• 늦잠을 잘 수 있다. • 만화책 등을 보며 신나는 시간을 보낼 수 있다. • 친구들과 밤늦게까지 신나게 놀 수 있다.
문제점	• 학교에 지각한다. • 숙제와 공부, 운동을 하지 못하게 된다. • 부모님께서 걱정하신다.

② 자신의 행동을 반성하고 문제점에 대해 책임을 질 수 있어야 한다.

(7) 꿈을 이루기 위해 자신이 해야 할 일

① 게으른 생활 습관을 고친다.

② 끈기를 가지고 성실하게 생활한다.

③ 나의 미래에 대한 설계는 어떻게, 누가 마지막으로 결정하게 되는 것이 옳은가?

    ㉠ 나의 취미, 소질, 능력, 희망, 가능성을 잘 판단하고 부모님이나 선생님 또 나를 잘 아는 다른 분들의 의견을 종합한다.

    ㉡ 남에게 의지하지 않고 나 스스로 자주적으로 결정한다.

④ 꿈을 실현하기 위한 자기 계발 방법

    ㉠ 꿈을 생각하며 목표를 세운다.

    ㉡ 목표를 이루기 위한 방법을 찾는다.

    ㉢ 목표를 이루기 위하여 열심히 노력한다.

    ㉣ 어렵더라도 접근 방법을 달리 하면서 이룰 때까지 노력한다.

콕! 찍어주는 **핵심정리**

03 **내가 주인이 되는 자주적인 생활**

01 자주적인 생활은 일이나 행동을 선택하고 실천할 때에 내가 <u>스스로</u> 주인이 되어 판단하고 선택에 <u>스스로</u> 책임을 지는 것이다.

02 자주적인 사람은 어려움을 <u>스스로</u> 헤쳐 나가고, 쉽게 포기하지 않는다.

03 자주적인 사람은 남에게 의존하지 않고, <u>스스로의</u> 판단, 선택, 능력으로 맡은 일을 훌륭하게 해낸다.

04 자주적인 행동이 중요한 이유는 <u>스스로</u> 계획을 세워 실천할 수 있다.

05 자주적인 생활을 하려면 자신의 행동을 반성하고 문제점에 대해 책임을 질 수 있어야 한다.

06 자주적인 생활을 위한 다짐
- 나는 주변에 살아 있는 생명체에 대하여 늘 관심을 가지고 돌보겠다.
- 나는 숙제를 내 힘으로 해결하겠다.
- 내가 도울 수 있는 일은 스스로 찾아서 하겠다.
- 내 방이나 책상은 내가 <u>스스로</u> 정리하겠다.
- 나는 건강을 지키기 위해 스스로 계획을 세워 운동을 하겠다.

07 꿈을 이루기 위해서는 끈기를 가지고 성실하게 생활한다.

08 꿈을 실현하기 위한 자기 계발 방법 : 꿈을 생각하며 목표를 세우고, 목표를 이루기 위하여 열심히 노력한다.

01 자주적인 생활 모습으로 가장 적절한 것은?

기출
① 아빠가 옷 입혀 주기
② 스스로 공부 계획하기
③ 할머니가 밥 먹여 주기
④ 엄마가 준비물 챙겨 주기

01
자주적인 생활
일이나 행동을 선택하고 실천할 때에 내가 스스로 주인이 되어 판단하고 선택에 스스로 책임을 지는 생활을 말한다.

02 스스로 계획을 세워 실천하는 생활을 무엇이라 하는가?

① 공정한 생활
② 절제하는 생활
③ 자주적인 생활
④ 정직한 생활

02
자주의 뜻
• 자주적인 사람이란 다른 사람에게 의지하지 않고 자신이 삶의 주인이 되는 사람이다.
• 자주적인 생활을 하기 위해서는 자신의 선택에 대하여 책임을 지고 스스로 꾸준히 노력해야 한다.

03 자신을 사랑하는 방법으로 적절하지 <u>않은</u> 것은?

기출
① 모든 일에 대하여 불평하기
② 자기 자신을 믿고 격려하기
③ 내 마음의 소리에 귀 기울이기
④ 나의 장점을 알고 꾸준히 개발하기

03
자신을 사랑하기 위해서는 자기 자신을 믿고 격려하며, 나의 장점을 알고 꾸준히 개발해야 한다.

04 자주적인 생활을 실천하려는 의지와 태도로 옳지 <u>않은</u> 것은?

① 동생의 숙제를 대신 해 준다.
② 단지 유행만을 따르지 않는다.
③ 매일 아침마다 꾸준히 운동을 한다.
④ 처음 하는 일도 자신감을 가지고 꾸준히 한다.

04
자주적인 생활은 내 숙제는 내 힘으로 해결하는 것이므로, 동생의 숙제를 대신 해주기 보다는 동생 스스로 할 수 있도록 도와주는 것이 좋다.

ANSWER
01. ② 02. ③ 03. ① 04. ①

05 _{기출} 자주적인 사람의 특징을 〈보기〉에서 고른 것은?

> **보기**
> ㄱ. 책임감이 있다.
> ㄴ. 남에게 의지한다.
> ㄷ. 해야 할 일을 미룬다.
> ㄹ. 어려움을 스스로 헤쳐 나간다.

① ㄱ, ㄴ ② ㄱ, ㄹ
③ ㄴ, ㄷ ④ ㄷ, ㄹ

05
자주적인 사람의 특징
• 책임감이 있다.
• 남에게 의지하지 않고 스스로 판단하고 선택하고 실천한다.
• 해야 할 일을 미루지 않는다.
• 어려움을 스스로 헤쳐 나간다.

06 스스로 생활하는 태도로 옳지 <u>않은</u> 것은?

① 친구가 시키는 대로 투표를 했다.
② 생활 계획을 세우고 실천했다.
③ 내 힘으로 숙제를 마쳤다.
④ 옳다고 생각한 일을 떳떳하게 주장했다.

06
스스로 생활하는 태도
자주적인 생활 태도를 말하는 것으로, 남에게 의존하거나 남의 의견에 맹목적으로 따르지 않고 스스로 판단하고 행동하는 것을 일컫는다.

07 _{기출} 다음 중 자신을 존중하지 <u>않는</u> 것은?

① 나는 잘하는 게 하나도 없어.

② 나는 하나뿐인 소중한 사람이야.

③ 나는 꿈을 이루기 위해 열심히 공부하고 있어.

④ 나는 어려움을 이겨 낼 수 있을 거야.

07
'나는 잘하는 게 하나도 없어.'와 같은 태도는 스스로를 낮추며 자신감이 부족한 태도이다. 스스로를 존중하고 아끼며 무엇이든 노력하면 할 수 있다는 자아 존중감을 키워야 한다.

ANSWER
05. ② **06.** ① **07.** ①

08 **기출** ㉠에 들어갈 말로 가장 알맞은 것은?

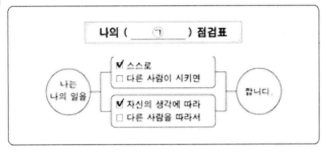

나의 (　㉠　) 점검표

나는 나의 일을
☑ 스스로
☐ 다른 사람이 시키면
☑ 자신의 생각에 따라
☐ 다른 사람을 따라서
합니다.

① 소비적인 생활　　② 자주적인 생활
③ 충동적인 생활　　④ 폭력적인 생활

09 다음 중 자주적인 생활이 필요한 까닭은?

① 형제 간의 사이가 나빠진다.
② 꼭두각시가 된 기분이다.
③ 자기가 치운 방에서 공부를 하니까 공부가 잘된다.
④ 자신의 꿈을 키우기 위해서는 힘들고 고통스럽다.

08
자주적인 생활이란 일이나 행동을 선택하고 실천할 때에 내가 스스로 주인이 되어 판단하고 선택에 스스로 책임을 지는 생활을 말한다.

09
자주적인 사람은 남에게 의존하지 않고, 스스로의 판단, 선택, 능력으로 맡은 일을 훌륭하게 해낸다.

ANSWER
08. ② 09. ③

04 인내하며 최선을 다하는 생활

1 인내하며 최선을 다하는 생활의 중요성 중요+

(1) 성실의 의미

① 정성을 기울이는 마음이다.

② 최선을 다하는 자세를 말한다.

(2) 인내하며 최선을 다하는 태도가 중요한 까닭

① 자신에게 떳떳할 수 있다.

② 자신이 한 일에 보람과 긍지를 느낄 수 있다.

③ 주변 사람들에게 칭찬받을 수 있다.

> **용어설명** 인내와 최선의 의미
> • 인내 : 괴로움이나 어려운 일을 참고 견디는 것이다.
> • 최선 : 맡은 일에 책임을 가지고 성실하게 노력하는 것이다.

(3) 인내하며 최선을 다하는 생활의 좋은 점

① 성취감과 자신감을 느낄 수 있다.

② 해야 할 일들을 잘 해낼 수 있다.

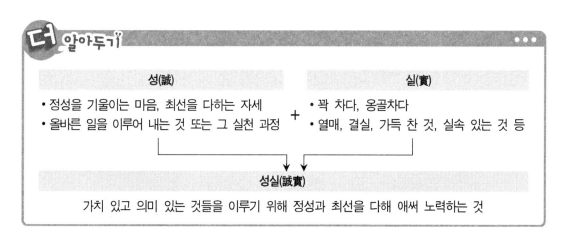

성(誠)		실(實)
• 정성을 기울이는 마음, 최선을 다하는 자세		• 꽉 차다, 옹골차다
• 올바른 일을 이루어 내는 것 또는 그 실천 과정	+	• 열매, 결실, 가득 찬 것, 실속 있는 것 등

성실(誠實)

가치 있고 의미 있는 것들을 이루기 위해 정성과 최선을 다해 애써 노력하는 것

(4) 인내하며 최선을 다하는 사람이 되기 위한 노력 중요⁺

① 할 일을 정한다.

② 언제, 어떤 시간을 이용할 것인가를 정한다.

③ 일단 정해진 일은 온 정성을 다한다.

④ 스스로 부지런히 한다.

⑤ 어려움을 극복하면서 꾸준히 한다.

⑥ 한 가지 정해진 일이 끝나면 평가하고 반성한다.

⑦ 최선을 다한 결과에 대해서는 후회를 하거나 누구 탓이라고 미루지 않는다.

> **바르로 확인 ▶▶**
>
> **두 사례에 공통으로 나타난 덕목은?**
>
> • 평생 약 1만 권의 책을 집필한 학자
> • 매일 18시간씩 연습한 피아니스트
>
> ① 공감　　　　② 공경
> ❸ 성실　　　　④ 우정

(5) 인내하고 최선을 다하기 위한 실천 계획

자신이 노력할 목표 정하기 → 자신의 생활모습 살펴보기 → 구체적인 실천 계획 세우기 → 인내하며 최선을 다해 실천하기 → 실천한 행동을 스스로 평가하기

더 알아두기

최선을 다하는 '성실한 생활'의 예

가정에서	• 가정 학습을 성실하게 한다. • 부모님 일을 성실하게 도와 드린다. • 내가 맡은 몫의 일을 성실하게 처리한다.
학교에서	• 학습 활동을 성실하게 한다. • 청소 활동 및 당번 활동을 성실하게 한다.
사회에서	• 사회에서 정한 규칙을 성실하게 지킨다. • 이웃의 일을 성실하게 도와 드린다.

(6) 옛 선인의 말씀

① 공자 : "자신의 할 일을 미리 계획하고, 그 계획에 따라 실천하는 힘이 있어야 한다."

② 노자 : "매사에 일어나는 사소한 일에도 정성을 다해야 한다. 그 일을 정성스럽게 한다는 것은 작은 일부터 차근차근 성실하게 해나가는 것이다."

③ 프랭클린 : "많이 아는 것도 중요하지만 아는 것을 직접 실천하는 성실한 마음이 먼저 필요하다."

④ 괴테 : "성실하게 생활하면 살아가며 생기는 많은 어려움을 피힐 수 있다."

2 책임을 다 하는 삶

(1) 책임의 의미

① 내가 약속한 일을 지키는 것이다.

② 내가 해야 하는 일에 대한 의무이다.

(2) 책임의 종류

① 한 행동에 대한 책임 : 자기가 한 행동의 결과를 받아들이면서 그것이 잘 되도록 노력하는 것이다.

② 할 행동에 대한 책임 : 내가 해야 할 역할에 관심을 갖고 충실히 하기 위해 노력하는 것이다.

③ 하지 않은 행동에 대한 책임 : 내가 하지는 않았지만 마땅히 해야 하는 일로서 관심을 갖고 노력하는 것이다.

성실을 다하면 하늘도 감동한다.

옛 글의 '지성이면 감천이다.'라고 한 말을 풀이한 글이다. 성실하게 일하면 하늘이 도와서 일이 잘 될 수 있다는 말이다. 사람들은 일이 잘 되고 잘 안 되게 하는 결정을 하늘이 한다고 믿었다. 그 말은 최선을 다하여 성실하게 일을 하면 아무리 어려운 일도 해결할 수 있다는 것이다.

(3) 책임 있는 행동이 중요한 이유

① 일에 대한 보람과 긍지를 느낄 수 있다.

② 책임 있게 행동하면 일의 결과가 더 좋다.

04 인내하며 최선을 다하는 생활

01 성실은 가치 있고 의미 있는 것들을 이루기 위해 정성과 최선을 다해 애써 노력하는 것이다.

02 인내는 괴로움이나 어려운 일을 참고 견디는 것이다.

03 최선은 맡은 일에 책임을 가지고 성실하게 노력하는 것이다.

04 인내하고 최선을 다하기 위한 실천 계획

자신이 노력할 목표 정하기 → 자신의 생활모습 살펴보기 → 구체적인 실천 계획 세우기 → 인내하며 최선을 다해 실천하기 → 실천한 행동을 스스로 평가하기

05 책임은 내가 약속한 일을 지키고, 내가 해야 하는 일에 대한 의무이다.

06 책임 있는 행동이 중요한 이유

• 일에 대한 보람과 긍지를 느낄 수 있다.

• 책임 있게 행동하면 일의 결과가 더 좋다.

01 ㉠에 들어갈 긍정적인 태도로 알맞은 것은?

기출

농구공을 던져 넣어 보세요.

㉠

① 너무 높아서 불가능해요.
② 왜 힘들게 이걸 해야 해요.
③ 최선을 다해서 노력해 볼게요.
④ 여러 번 던져도 넣기 힘들어요.

02 다음 중 성실한 생활과 어울리지 않는 것은?

① 어렵고 힘든 일은 하지 않겠다.
② 목표와 계획을 세우고 꾸준히 노력하겠다.
③ 부지런히 공부를 하겠다.
④ 오늘 할 일을 내일로 미루지 않겠다.

03 다음 글에서 강조하고 있는 것은?

> 큰 나무는 가느다란 가지에서 시작되고, 10층의 탑도 작은 벽돌을 하나씩 쌓아올리는 데에서 시작된다. 마지막에 이르기까지 처음과 마찬가지로 정성을 기울이면 어떤 일도 해낼 수 있다. — 노자 —

① 성실　　　　② 정직
③ 절제　　　　④ 봉사

01

최선을 다해서 노력하는 것은 긍정적인 태도이다.

02

어렵고 힘든 일도 중간에 포기하지 않고 끝까지 최선을 다한다.

03

노자 : 모든 일은 기초를 튼튼하게 해야 하며, 어떤 일을 끝낼 때까지 인내심을 갖고 정성과 노력을 기울여야 큰일을 해낼 수 있다.

ANSWER
01. ③　02. ①　03. ①

04

기출 "부지런한 사람의 하루는 게으른 사람의 일 년보다 낫고, 모든 일에 최선을 다하면 못 이룰 일이 없다"라는 글이 주는 교훈은?

① 친절　　　　　② 성실

③ 정직　　　　　④ 효도

05 다음 중 맡은 일에 최선을 다해야 하는 까닭은?

① 항상 자신에게 이익을 가져다주기 때문

② 앞으로 목표를 높이 세울 수 있기 때문

③ 남에게 칭찬받기 위해

④ 삶의 보람과 자신감을 가질 수 있기 때문

04

성실 : 가치 있고 의미 있는 것들을 이루기 위해 정성과 최선을 다해 애써 노력하면 못 이룰 일이 없다.

05

최선을 다하여 성실하게 일을 하면 아무리 어려운 일도 해결할 수 있고 삶의 보람과 즐거움을 느끼며 자신감을 갖게 된다.

ANSWER

04. ② **05.** ④

05 나를 돌아보는 생활

(1) 도덕적 성찰 : 자신을 반성하는 것뿐만 아니라, 올바른 삶을 사는 구체적인 방법을 찾는 것이다.

> **용어설명** 성찰 : 자기 자신과 주변 환경에 대해 깊이 생각하고 반성하는 것

(2) 도덕적 성찰이 중요한 이유

① 나의 생각이나 행동이 잘못된 점은 없는지 반성해 볼 수 있기 때문이다.

② 올바른 내가 되고자 노력해야 할 점을 찾아 스스로 실천할 수 있기 때문이다.

(3) 도덕적 성찰 방법

① 잘못한 말과 행동뿐만이 아니라 잘한 말과 행동도 성찰의 대상이 될 수 있다.

② 개인은 물론 공동체와 관련된 것도 성찰할 수 있다.

(4) 실천할 수 있는 도덕적 성찰 방법 중요⁺

① **좌우명 실천하기** : 좌우명을 가까이 두고 자신이 중요하게 생각하는 행동이나 삶을 바라보는 태도를 쓰고 그것을 실천하려고 노력한다.

② **문학 작품 활용하기** : 문학 작품 속 상황에 대해 다른 친구들과 의견을 나누고 올바른 삶이란 어떤 것인지 생각해 본다.

> **바로로 확인** ▶▶
>
> 도덕적 성찰의 방법으로 적절하지 <u>않은</u> 것은?
> ① 위인전 읽기
> ② 성찰 일기 쓰기
> ③ 좋은 말 모음집 만들기
> ❹ 친구의 말을 무조건 따르기

③ **성찰 일기 쓰기** : 더 나은 삶을 위해 하루를 돌아보며 인상 깊었거나 기억에 남는 말이나 행동을 써 본다.

④ **속담이나 격언 활용** : 우리보다 먼저 살았던 위인들의 도덕적 지혜가 담겨 있으므로 자신의 생활을 돌아본다.

(5) 도덕적 성찰 없이 살 때

① 나쁜 말과 행동을 하고도 성찰하지 않으면 습관이 될 수 있다.

② 남보다 자기 자신만 생각하는 이기적인 사람이 많아져 세상이 혼란하고 어수선
할 수 있다.

③ 도덕적 성찰 없이 살게 되면 올바른 사람이 될 수 없다.

(6) 도덕적 성찰을 하는 사람의 특징

① 언행이 바르고, 생활 습관이 반듯하다.

② 자신의 지난 행동을 돌아보고 반성의 시간을 갖는다.

③ 다른 사람의 입장에 서서 생각해본다.

④ 어떠한 일이든 지속적으로 실천한다.

⑤ 다른 사람의 상황이나 기분을 같이 느끼고 살피며 세심하게 배려한다.

(7) 일상생활에서 자기행동 반성하기

① 친구가 약속 시간에 조금 늦었다고 화내면서 얘기하는 것

② 밤늦게까지 인터넷 게임을 한 것

③ 계획한 대로 실천하지 않은 것

④ 친구의 기분을 생각하지 않고 자기 이야기만 한 것

⑤ 친구와 얘기하면서 자기 주장만 맞다고 고집 피운 것

⑥ 친구가 실수했을 때 놀리는 것

콕! 짚어주는 **핵심정리**

05 나를 돌아보는 생활

01 도덕적 성찰은 자신을 반성하는 것뿐만 아니라, 올바른 삶을 사는 구체적인 방법을 찾는 것이다.

02 도덕적 성찰이 중요한 이유
- 나의 생각이나 행동이 잘못된 점은 없는지 반성해 볼 수 있기 때문이다.
- 올바른 내가 되고자 노력해야 할 점을 찾아 스스로 실천할 수 있기 때문이다.

03 실천할 수 있는 도덕적 성찰 방법 : 좌우명 실천하기, 문학 작품 활용하기, 성찰 일기 쓰기, 속담이나 격언 활용

04 나쁜 말과 행동을 하고도 성찰하지 않으면 습관이 될 수 있다.

05 도덕적 성찰을 하는 사람의 특징
- 언행이 바르고, 생활 습관이 반듯하다.
- 자신의 지난 행동을 돌아보고 반성의 시간을 갖는다.
- 다른 사람의 입장에 서서 생각해본다.
- 어떠한 일이든 지속적으로 실천한다.
- 다른 사람의 상황이나 기분을 같이 느끼고 살피며 세심하게 배려한다.

01 다음에 해당하는 도덕적 성찰 방법으로 가장 적절한 것은?

> • 더 나은 삶을 위해 필요한 말이나 행동 쓰기
> • 하루를 돌아보며 인상 깊었거나 기억에 남는 일 쓰기

① 격언 활용하기
② 성찰 일기 쓰기
③ 좌우명 실천하기
④ 문학 작품 활용하기

02 도덕적 성찰 방법으로 옳지 않은 것은?

① 잘한 말과 행동은 성찰할 필요 없다.
② 나의 생각이나 행동이 잘못된 점은 없는지 반성해 본다.
③ 올바른 내가 되고자 노력해야 할 점을 찾아 스스로 실천해 본다.
④ 개인은 물론 공동체와 관련된 것도 성찰할 수 있다.

03 다음 중 도덕적 성찰을 하는 사람의 특징으로 옳지 않은 것은?

① 생활 습관과 언행이 바르다.
② 잘못을 했어도 이미 지난 일은 돌아보지 않는다.
③ 어떠한 일이든 꾸준히 실천한다.
④ 다른 사람의 입장에 대해 생각한다.

01
성찰 일기 쓰기 : 도덕적 판단이 필요한 상황에서 내가 어떻게 행동했는지 써 보고, 나의 행동이 옳았는지 돌아본다.

02
잘못한 말과 행동뿐만이 아니라 잘한 말과 행동도 성찰의 대상이 될 수 있다.

03
② 자신의 행동에 대해 돌아보고 반성한다.

ⒶⓃⓈⓌⒺⓇ
01. ② **02.** ① **03.** ②

04 일상생활에서 반성하지 않아도 되는 행동으로 옳은 것은?

① 친구가 실수했을 때 크게 웃으며 놀렸다.

② 밤늦게까지 인터넷 게임을 했다.

③ 친구와 얘기하면서 친구의 의견을 잘 들어주었다.

④ 친구가 약속 시간에 조금 늦었다고 화내면서 얘기했다.

05 그림에 해당하는 도덕적 성찰 방법으로 가장 적절한 것은?

① 일기 쓰기

② 편지 쓰기

③ 독서록 쓰기

④ 속담 또는 격언 활용하기

06 긍정적인 생활

(1) **긍정적인 태도** : 어려움 속에서도 자신감과 희망을 가지고 꾸준히 노력하는 것이다.

(2) **긍정적인 결과를 위해 필요한 것**

① 최선을 다하는 태도

② 자신을 믿는 마음과 감사하는 마음

③ 실패를 두려워하지 않고 도전하려는 태도

④ 스스로 자신감을 갖는 것

(3) **긍정적인 말과 행동의 예**

① 말 : 모두 잘 될 거야, 실수해도 괜찮아, 나는 잘할 수 있어, 너는 지금도 충분히 잘하고 있어 등

② 행동 : 실패해도 좌절하지 않고 끝까지 최선을 다하기, 자신감 갖고 도전하기 등

> **바로로 확인**
>
> ㉠에 들어갈 알맞은 말은?
>
> 〈 (㉠)적인 생활 선언문 〉
> 1. '나는 잘 할 수 있어!'라고 생각하기
> 2. 실수한 친구에게 "괜찮아."라고 말하기
>
> ❶ 긍정　　　　② 낭비
> ③ 부정　　　　④ 소비

(4) **긍정의 힘으로 어려움을 극복할 수 있는 이유** : 긍정적인 사람은 부정적인 자극을 받았을 때 이성과 감정이 서로 조화롭게 상호작용하기 때문이다.

(5) **어려움을 극복하기 위한 자세**

① 삶에 대해 긍정적인 태도를 취한다.

② 힘든 일이 있어도 '나는 할 수 있어'라고 생각하며 스스로 어려움을 극복하려고 노력한다.

(6) 긍정적인 태도의 좋은 점

① 자신을 믿고 사랑할 수 있다.

② 부정적인 생각보다 긍정적인 생각을 하면 건강에 좋다.

③ 힘들고 어려운 상황에서도 끝까지 포기하지 않고 도전할 수 있다.

(7) 긍정적인 태도를 지닌 사람

① 쉽게 포기하지 않는다.

② 매사에 긍정적으로 생각한다.

③ 다른 사람의 의견에 휘둘리지 않는다.

④ 자신을 소중하게 생각하고 자신과 주변 상황에 감사하며 산다.

⑤ 자신을 다른 사람과 비교하지 않고 있는 그대로 나를 받아들인다.

(8) 긍정적인 실천을 하기 위한 행동 중요⁺

① 하루를 돌아보며 매일 감사 일기를 쓴다.

② 주변 사람들에게 고마운 마음을 말이나 편지로 표현한다.

③ 친구의 단점이나 약점을 이야기하지 않는다.

④ 친구나 선생님을 만나면 먼저 웃으며 인사한다.

(9) 긍정적인 태도로 어려움을 극복한 사람들

① 헬렌켈러 : 아기 때 열병을 앓기 시작하여 볼 수도 들을 수도 말할 수도 없게 되었지만 설리번 선생님의 도움을 받아 인권운동을 하였다.

② 닉 부이치치 : 팔과 다리 없이 태어났지만 장애를 극복하고 지금은 진정한 행복을 찾는 사람들에게 롤 모델의 역할을 하면서 국제적으로 유명한 동기부여 연설자가 되었다.

③ 이희아 : 손가락이 한 손에 2개씩 밖에 없고, 다리도 짧은 장애를 가지고 태어났음에도 불구하고 자신의 장애를 극복한 피아노 연주자이다.

06 긍정적인 생활

01 긍정적인 태도는 어려움 속에서도 자신감과 희망을 가지고 꾸준히 노력하는 것이다.

02 긍정적인 결과를 위해 필요한 것
- 최선을 다하는 태도
- 자신을 믿는 마음과 감사하는 마음
- 실패를 두려워하지 않고 도전하려는 태도
- 스스로 자신감을 갖는 것

03 긍정의 힘으로 어려움을 극복할 수 있는 이유는 긍정적인 사람은 부정적인 자극을 받았을 때 이성과 감정이 서로 조화롭게 상호작용하기 때문이다.

04 긍정적인 태도를 지닌 사람
- 쉽게 포기하지 않는다.
- 매사에 긍정적으로 생각한다.
- 다른 사람의 의견에 휘둘리지 않는다.
- 자신을 소중하게 생각하고 자신과 주변 상황에 감사하며 산다.
- 자신을 다른 사람과 비교하지 않고 있는 그대로 나를 받아들인다.

05 헬렌켈러는 아기 때 열병을 앓기 시작하여 볼 수도 들을 수도 말할 수도 없게 되었지만 설리번 선생님의 도움을 받아 인권운동을 하였다.

01 다음 중 자신을 긍정적으로 바라보는 모습이 <u>아닌</u> 것은?

① 건강한 삶을 위해 운동을 생활화한다.

② 남이 하는 일은 무조건 옳다고 생각한다.

③ 꿈을 이루기 위한 계획을 세워 꾸준히 실천한다.

④ 다양한 경험을 쌓기 위해 끊임없이 도전을 한다.

02 다음 중 긍정적인 태도의 좋은 점이 <u>아닌</u> 것은?

① 자신을 믿고 사랑할 수 있다.

② 부정적인 생각보다 긍정적인 생각을 하면 건강에 좋다.

③ 나쁜 버릇도 긍정적으로 생각해 계속 할 수 있다.

④ 어려운 일이 있어도 끝까지 포기하지 않고 도전할 수 있다.

03 볼 수도 들을 수도 말할 수도 없었지만 긍정적인 태도로 어려움을 극복한 사람은?

① 닉 부이치치　　② 헬렌켈러

③ 간디　　　　　④ 이희아

04 다음 중 자신을 소중하게 여기는 실천 방법으로 적절한 것은?

① 남과 비교하지 않는다.

② 내 마음의 양심을 무시한다.

③ 다른 사람의 말에 쉽게 휘둘린다.

④ 나의 미래를 부정적으로 생각한다.

01

자신을 긍정적으로 바라본다는 것은 스스로의 가치관이 뚜렷하여 그에 따른 계획을 세우며 당당하게 행동으로 실천하는 자세를 말한다. 남이 하는 일을 무조건 옳다고 생각하는 것은 바람직하지 않다.

02

긍정적인 태도의 좋은 점
• 부정적인 생각보다 긍정적인 생각을 하면 건강에 좋다.
• 어려운 일이 있어도 끝까지 포기하지 않고 도전할 수 있다.
• 자신을 믿고 사랑할 수 있다.
• 부정적으로 생각하지 않는다.

03

헬렌켈러 : 아기 때 열병을 앓기 시작하여 볼 수도 들을 수도 말할 수도 없게 되었지만 설리번 선생님의 도움을 받아 인권운동을 하였다.

04

자신을 다른 사람과 비교하지 않고 있는 그대로의 나를 받아들인다.

ANSWER
01.②　02.③　03.②　04.①

05 긍정적인 말과 행동의 예로 옳지 <u>않은</u> 것은?

① 나는 잘할 수 있어.

② 너는 왜 자꾸 같은 실수를 하는 거야?

③ 너는 지금도 충분히 잘하고 있어.

④ 모두 잘 될 거야.

06 다음 중 긍정적인 결과를 위해 필요한 것으로 옳지 <u>않은</u> 것은?

① 스스로 자신감을 갖는 것

② 실패를 두려워하지 않고 도전하려는 태도

③ 최선을 다하는 태도

④ 자신보다는 남을 믿고 의지하는 마음

07 ㉠에 들어갈 말로 가장 적절한 것은?

기출

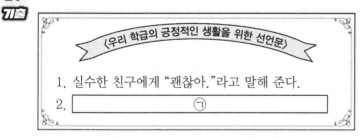

〈우리 학급의 긍정적인 생활을 위한 선언문〉

1. 실수한 친구에게 "괜찮아."라고 말해 준다.
2. ㉠

① 친구의 단점을 찾아 비난한다.

② 친구와 다투면 먼저 사과하지 않는다.

③ 아침에 등교하면 친구와 반갑게 인사한다.

④ 친구의 물건을 허락 없이 마음대로 사용한다.

07 참된 아름다움

1 아름다움이란 무엇일까

(1) 외면적 아름다움

① 의미 : 겉으로 보이는 아름다움으로 우리가 바라보는 다양한 자연, 예술 작품, 외모 등에서 찾아볼 수 있다.

② 외면적 아름다움의 예
- ㉠ 고개 너머로 붉게 물든 노을이 지는 풍경
- ㉡ 밝은 표정을 짓는 것
- ㉢ 바른 자세로 앉기
- ㉣ 음식을 골고루 먹고 규칙적으로 운동하기
- ㉤ 단정한 옷차림을 하는 것
- ㉥ 환하게 웃는 아기의 얼굴

(2) 내면적 아름다움 **중요⁺**

① 의미 : 눈에 보이지는 않지만 참된 것, 가치 있는 것 등을 접할 때 마음에 감동을 받으며 아름답다고 느끼게 된다. 이처럼 고귀하고 사랑스러운 것을 통해 느끼는 아름다움을 내면적 아름다움이라고 한다.

② 내면적 아름다움의 예
- ㉠ 어려운 사람을 돕기 위해 기꺼이 자신의 것을 나누는 모습
- ㉡ 맡은 일을 열심히 하는 모습

바로 확인 ▶▶

다음 중 ㉠에 공통으로 들어갈 말은?

- 사람의 아름다움에는 외면적 아름다움과 (㉠) 아름다움이 있다.
- (㉠) 아름다움을 가꾸는 방법에는 다양한 종류의 책 읽기, 칭찬 일기 쓰기 등이 있다.

① 공격적   ❷ 내면적
③ 부정적   ④ 비판적

ⓒ 교양과 지식을 쌓기 위해 독서를 하는 모습

ⓔ 약속을 잘 지키는 모습

ⓜ 교향악단의 연주를 통해 들려오는 감동적인 선율의 음악

2 꽃보다 아름다운 사람

아름다움을 판단하는 다양한 기준의 종류를 살펴보고, 아름다움을 판단할 때 우리가 가져야 할 바람직한 자세를 알아보자.

(1) 아름다움에 대한 기준

① 외모 : 잘생긴 얼굴, 큰 키, 건강한 몸매, 최신 유행 복장 등이다.

② 태도 : 호감 가는 말투, 상냥한 예절, 배려하고 양보하는 습관 등이다.

③ 재능 : 뛰어난 미적 감각, 능숙한 악기 연주, 빼어난 춤 솜씨 등이다.

(2) 아름다움을 판단하는 바람직한 자세

① 진정한 아름다움은 모두가 똑같은 모습으로 획일화되지 않는 것으로서 저마다 개성에서 우러나오는 아름다움이 있다.

② 아름다움을 추구하는 방법이 잘못되어 자기 자신을 해치거나, 외적인 아름다움만을 지나치게 따르는 외모 지상주의는 진정한 아름다움으로 볼 수 없다.

더 알아두기

세상에서 가장 아름답고 소중한 것은 보이거나 만져지지 않는다. 단지 가슴으로만 느낄 수 있다.
　　　 - 헬렌 켈러 -
→ 내면적 아름다움의 중요함을 일깨워 준다.

누구나 자신만의 아름다움을 가지고 있다.　　　　　　　　　　　　　 - 에머슨 랄프 왈도 -
→ 자신을 더욱 소중히 여기고, 자신만의 아름다움을 찾아낼 수 있는 지혜를 갖도록 한다.

③ 단번에 아름다운지 그렇지 않은지 판단을 내리기보다 시간을 두고 지켜보며 아름다움의 깊이와 진가를 헤아리도록 한다.

(3) 아름다운 사람이란

① 어려운 사람들을 도와주는 사람

② 인정이 넘치는 사람

③ 남을 불쌍하게 여기는 사람

④ 남의 어려움을 내 일처럼 생각하는 사람

⑤ 나보다 남을 먼저 생각하는 사람

⑥ 자신의 이익만을 추구하지 않는 사람

⑦ 내 고집만 주장하지 않는 사람

⑧ 나의 노력으로 획득한 재물을 어려운 사람들을 위해 선뜻 내놓는 사람

더 알아두기

작품이나 사진을 통한 아름다움

뭉크의 '절규'

르누아르의
'책 읽는 소녀'

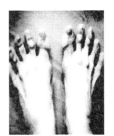

발레리나의 발

• 작품을 통해 진실한 인간의 삶을 보여 주고자 함
• 예술을 위해 자신의 외적인 아름다움을 포기함

07 참된 아름다움

01 외면적 아름다움은 겉으로 보이는 아름다움으로 우리가 바라보는 다양한 자연, 예술 작품, 외모 등에서 찾아볼 수 있다.

02 눈에 보이지는 않지만 참된 것, 가치 있는 것 등을 접할 때 마음에 감동을 받으며 아름답다고 느끼는 것은 내면적 아름다움이다.

03 아름다움은 마음 깊은 곳에 와 닿는 인상, 감정, 느낌으로 나타난다.

04 참된 아름다움은 겉모습의 아름다움만을 의미하는 것이 아니라 내면의 아름다움 까지도 포함한다.

05 사람들이 아름다움을 느끼는 정도가 다른 이유는 저마다 보고 생각하는 기준이 다르기 때문이다.

06 아름다움을 추구하는 방법이 잘못되어 자기 자신을 해치거나, 외적인 아름다움만을 지나치게 따르는 외모 지상주의는 진정한 아름다움으로 볼 수 없다.

07 아름다운 사람이란?
- 어려운 사람들을 도와주는 사람
- 인정이 넘치는 사람
- 남을 불쌍하게 여기는 사람
- 남의 어려움을 내 일처럼 생각하는 사람
- 나보다 남을 먼저 생각하는 사람
- 자신의 이익만을 추구하지 않는 사람
- 내 고집만 주장하지 않는 사람
- 나의 노력으로 획득한 재물을 어려운 사람들을 위해 선뜻 내놓는 사람

01 내면적으로 아름다운 사람이 되기 위한 실천 방법으로 **기출** 바람직한 것은?

① 친구를 따돌리기

② 성실하게 독서하기

③ 마음에 들지 않는 친구 욕하기

④ 남의 물건을 허락 없이 사용하기

01
눈에 보이지는 않지만 참된 것, 가치 있는 것 등을 접할 때 마음에 감동을 받으며 아름답다고 느끼게 된다. 이처럼 고귀하고 사랑스러운 것을 통해 느끼는 아름다움을 내면적 아름다움이라고 한다.

02 다음 중 아름다움에 대한 설명으로 잘못된 것은?

① 도덕적인 아름다움을 추구하는 행동은 나의 삶만을 따뜻하게 해준다.

② 사람이 지닌 참된 아름다움은 외면적 아름다움과 내면적 아름다움 그리고 도덕적인 아름다움을 포함하는 것이다.

③ 아름다움이란 눈길을 사로잡고 감동과 강한 인상을 주며 마음속에 기억해 둘 수 있는 경험을 말한다.

④ 진정한 아름다움은 모두가 똑같은 모습으로 획일화되지 않는 것으로서 저마다 개성에서 우러나오는 아름다움이 있다.

02
도덕적인 아름다움을 추구하는 행동은 나는 물론, 다른 사람의 삶까지 따뜻하게 해준다.

03 내면적 아름다움을 추구하는 사람은?
기출
① 외모만 예쁘게 꾸미는 사람

② 책을 많이 읽어 교양을 쌓으려는 사람

③ 용돈을 모아 불량 식품을 사먹는 사람

④ 불법 인터넷 게임으로 용돈을 낭비하는 사람

03
교양과 지식을 쌓기 위해 독서를 하는 사람은 내면적으로 아름다운 사람이다.

ANSWER
01. ② 02. ① 03. ②

04 다음 중 내면적 아름다움에 속하는 것은?

① 예쁜 얼굴 　　② 착한 마음

③ 화려한 춤 　　④ 예쁜 옷

04

내면적 아름다움
눈에 보이지는 않지만 참된 것, 가치 있는 것 등을 접할 때 마음에 감동을 받으며 아름답다고 느끼게 된다. 이처럼 고귀하고 사랑스러운 것을 통해 느끼는 아름다움을 내면적 아름다움이라고 한다.

ANSWER

04. ②

01 정직한 행동을 하기 위하여 가져야 할 생활태도는?

① 친구의 잘못은 모른 척 한다.

② 우정을 위해 항상 거짓말을 한다.

③ 돈이 들어 있는 지갑을 주웠을 때는 친구와 나누어 갖는다.

④ 바른 판단과 사려 깊은 행동을 한다.

02 다음 중 자주적인 생활 태도로 옳은 것은?

① 계획을 세워 스스로 실천한다.

② 맡은 일을 게을리 한다.

③ 남이 하는 대로 따라 한다.

④ 누구의 도움이 있어야만 한다.

03 다음 내용에서 공통으로 실천한 덕목은?

> • 길을 가다가 돈을 주워 주인을 찾아주었다.
> • 친구의 답을 베낀 사실을 선생님께 솔직하게 말씀드렸다.

① 근면　　　　　② 정직

③ 봉사　　　　　④ 배려

01

① 친구의 잘못은 바로 잡아주려 한다.
② 우정을 위해 거짓말을 하면 안 된다.
③ 돈이 들어 있는 지갑을 주웠을 때는 파출소에 신고한다.

02

② 맡은 일을 게을리 하지 않고, 훌륭하게 해 낸다.
③ 남이 하는 대로 좇아서 행동하지 않는다.
④ 남에게 의존하지 않고, 스스로의 판단으로 선택한다.

03

정직 : 남을 속이지 않는 것뿐만 아니라 자기 자신을 속이지 않는 것이다.

ANSWER

01. ④　02. ①　03. ②

04 다음 중 자주적인 사람은?

① 자기 방을 스스로 정리하는 사람
② 숙제를 남에게 부탁하는 사람
③ 사물함 정리를 하지 않은 사람
④ 부모님이 깨워서 일어나는 사람

04
남이 시켜서 하거나 남이 시킬 때까지 기다리는 행동은 자주적인 행동이 아니다. 내가 할 일이라고 판단되면 누가 시키지 않아도 스스로 행동으로 옮기는 생활이 자주적인 생활이다.

05 다음 중 옳은 일을 알고 실천하는 경우에 해당하는 것은?

① 편하고 쉬운 일만을 찾아서 실천한다.
② 다른 사람보다 자신의 이익을 앞세운다.
③ 옳은 일을 실천할 계획을 세운다.
④ 길을 잃은 아이를 경찰서에 데려다 준다.

05
① 편하고 쉬운 일보다는 남들이 꺼려하는 어려운 일을 찾아 실천한다.
② 자신보다는 다른 사람을 먼저 생각한다.
③ 옳은 일을 실천하는 것은 좋지만, 계획을 미리 세울 필요는 없다.

06 다음 중 정직한 사람이 되기 위해 지켜야 할 일이 <u>아닌</u> 것은?

① 남을 존중하는 마음   ② 자신의 잘못을 숨김
③ 말과 행동의 일치   ④ 친구 간에 의리를 지킴

06
② 자신이 잘못한 일을 솔직하게 인정하고 밝힌다.

07 다음 중 책임 있는 행동의 모습은?

① 내 방은 내가 치운다.
② 청소시간에 장난만 친다.
③ 수돗물을 쓰고 잠그지 않는다.
④ 숙제는 하지 않고 게임만 한다.

07
자기 방은 스스로 치운다.

ANSWER
04. ① **05.** ④ **06.** ② **07.** ①

08 자주적인 사람이 되기 위해 실천해야 할 일로 옳지 <u>않은</u> 것은?

① 자기보다 공부를 더 잘하는 사람의 의견에 무조건 따른다.

② 자기의 결정에 책임지는 태도를 갖는다.

③ 다른 사람의 의견과 자신의 의견을 비교하여 좋은 의견을 택하는 태도를 갖는다.

④ 용기와 신념을 갖고, 자주적인 결단과 행동을 한다.

08

자주적인 생활

• 자신이 스스로 하고, 누구의 도움이 없어도 해낼 수 있다.

• 해야 할 일과 해서는 안 될 일을 구분하여 바르게 살아간다.

• 무조건 유행에 따르지 않고, 그것이 나에게 잘 맞는 것인지 살펴본다.

• 남이 하는 대로 좇아서 행동하지 않는다.

• 자주적인 사람은 남에게 의존하지 않고, 스스로의 판단, 선택, 능력으로 맡은 일을 훌륭하게 해낸다.

09 다음 중 최선을 다하는 자세를 가진 사람은?

① 계획한 일을 쉽게 포기하는 사람

② 편하고 쉬운 일만 골라서 하는 사람

③ 자기의 일을 열심히 하는 사람

④ 결과만을 얻기 위해 노력하는 사람

09

자신에게 주어진 일이나 책임에 대하여 끝까지 성실하게 최선을 다하면 아무리 어려운 일도 해결할 수 있다.

10 다음 중 최선을 다하는 자세를 가진 사람은 어떤 사람인가?

① 최선을 다한 결과에 대해 남을 탓하는 사람

② 자기가 하는 일에 정신을 집중해서 열심히 하는 사람

③ 어려움을 극복하려 노력하지 않고 빨리 포기하는 사람

④ 과정은 생각하지 않고 좋은 결과만을 얻기 위해 노력하는 사람

10

② 최선을 다하는 자세를 가진 사람은 자신에게 주어진 일이나 책임에 대하여 끝까지 성실하게 한다.

ANSWER

08. ① **09.** ③ **10.** ②

11 다음 중 진정한 책임에 대한 설명으로 옳지 <u>않은</u> 것은?

① 자신의 잘못을 인정하고 바로잡으려 노력한다.

② 자신이 할 수 있는 일을 적극적으로 찾아서 한다.

③ 자신의 맡은 역할을 열심히 수행한다.

④ 주어진 일만을 잘 처리하면 된다.

11
책임의 의미는 자기가 맡은 역할에 최선을 다하면서 자기가 할 수 있는 일을 찾아 적극적으로 하는 것이다.

12 다음은 사람마다 아름답다고 느끼는 것이 다른 까닭에 대해 설명한 것이다. 이 중 옳지 <u>않은</u> 것은?

① 저마다 보는 시각이 다르기 때문이다.

② 사람마다 느끼는 감정이 다르기 때문이다.

③ 누구나 생각하는 기준이 다르기 때문이다.

④ 나와 같은 것을 보지 않고 다른 것을 보며 얘기하고 있기 때문이다.

12
같은 것을 보더라도 아름다움에 대한 기준이 저마다 다르기 때문이다.

13 다음 중 위인들의 공통점은 무엇인가?

① 온갖 어려움을 극복하고 성실하게 살았다.

② 개인의 이익을 중요시 하였다.

③ 물려받은 재산이 많았다.

④ 좋은 환경에서 자랐다.

13
위인들의 공통점은 자기 자신에 대한 믿음, 그리고 용기, 목표와 꿈이 있으며, 자신이 처한 환경을 정확하게 파악하고 최대한 활용해 원하는 바를 달성하였다.

──ANSWER──
11. ④ 12. ④ 13. ①

14 어떤 일에 최선을 다했을 때 좋은 점은?

① 어려운 일을 해낼 수 없다.

② 보람과 기쁨을 느낄 수 있다.

③ 반드시 좋은 결과만을 가져온다.

④ 자기의 발전에 별로 도움이 되지 않는다.

14

인내하며 최선을 다하는 생활의 좋은 점

• 성취감과 자신감을 느낄 수 있다.

• 해야 할 일들을 잘 해낼 수 있다.

15 다음 중 성실에 대한 설명으로 옳지 <u>않은</u> 것은?

① 자신이 한 말을 실천하는 자세

② 정성을 기울이는 마음

③ 자신의 능력을 벗어나는 일도 억지로 하려는 자세

④ 올바른 일을 이루려 노력하는 것

15

성실이란 가치 있고 의미 있는 것들을 이루기 위해 정성과 최선을 다해 애써 노력하는 것으로, 자신의 능력을 벗어나는 일을 억지로 할 필요는 없다.

16 책임을 다하는 태도로 바른 것은?

① 큰 일만 책임을 다한다.

② 작은 일만 책임을 다한다.

③ 모든 일에 책임을 다한다.

④ 중요한 일만 책임을 다한다.

16

책임은 내가 약속한 일을 지키고, 해야 하는 일에 대한 의무로 모든 일에 책임을 다해야 한다.

ANSWER

14. ② **15.** ③ **16.** ③

Chapter

02

타인과의 관계

02 타인과의 관계

우정의 의미와 올바른 태도, 친구 사이에 생긴 문제를 해결하는 방법, 가정의 의미와 역할, 가족 간의 갈등 해결 방법에 관한 문제를 이해하고 제대로 파악해야 한다. 또한 올바른 예절의 의미와 예절을 지켜야 하는 이유에 관한 문제도 반드시 학습해야 한다. 아울러 협동을 실천하기 위해 필요한 덕목 및 민주적인 회의방법과 갈등 해결을 위한 실천행동에 관해서도 빠짐없이 공부해야 한다.

01 나와 너, 우리 함께

(1) 우정의 의미

① 친구 간에 서로 믿는 마음이다.

② 친구 간에 서로 좋은 일을 권하는 것이다.

③ 친구 간에 서로 존중하는 마음이다.

④ 친구 간에 서로 사랑하고 아끼는 것이다.

(2) 참된 우정

① 친구가 힘들어 할 때 도와주고 용기를 주는 친구

② 친구가 외로울 때 함께 정을 나누는 친구

③ 친구가 잘못 생각할 때 충고를 해 주는 친구

④ 친구가 훌륭한 일을 하면 축하해 주는 친구

(3) 좋은 친구

① 어떤 친구가 좋은 친구인가?

    ㉠ 나를 잘 이해해 주는 친구　　㉡ 나에게 도움을 주는 친구

    ㉢ 약속을 잘 지키는 친구　　㉣ 나에게 충고를 해 주는 친구

② 좋은 친구가 되기 위하여 내가 할 일

㉠ 친구를 이해해 준다.

㉡ 친구에게 도움을 준다.

㉢ 친구와의 약속을 잘 지킨다.

㉣ 친구의 충고를 기꺼이 받아들인다.

(4) 정다운 친구

① 친구에게 불쾌한 말을 하지 않는다.

✎ 친구의 약점을 들추지 않기

② 친구의 의견을 존중한다.

✎ 제 주장만 하지 않기

③ 친구와 한 약속을 잘 지킨다.

✎ 지키지 못할 일이 생기면 빨리 알리기

④ 친구의 잘못을 용서해 준다.

㉠ 나도 잘못할 수 있다는 생각하기

㉡ 친구를 용서하는 것은 나를 용서하는 것

⑤ 잘못한 일을 먼저 사과한다.

㉠ 먼저 사과하고 우정을 더 굳게 하기

㉡ 사과를 먼저 한 사람이 참 친구라는 생각

⑥ 어려움에 처하면 도와 준다.

㉠ 친구의 어려움이 나의 어려움이라는 생각

㉡ 친구를 돕는 일을 자랑스럽게 생각하기

바름으로 확인

다음 상황에서 도움을 주기 위한 방법으로 적절하지 <u>않은</u> 것은?

① 친구의 기분을 헤아린다.
② 친구에게 다정하게 인사를 건넨다.
③ 먼저 다가가서 함께 놀자고 말한다.
❹ 친구에 대한 나쁜 소문을 앞장서서 퍼뜨린다.

(5) 우정의 올바른 태도

① 친구를 믿고 존중하는 마음으로 대한다.

② 친구 간에 진정한 충고를 주고받는다.

③ 친구 간에 장점을 닮고 배운다.

④ 친구와의 약속은 최선을 다해 지킨다.

친구에 대한 옛 성현들의 말씀

- **소학에서**
  - 말씀 : 유익한 벗이 세 가지 있고, 해로운 벗이 세 가지 있다. 정직한 사람, 성실한 사람, 많이 아는 사람을 친구로 삼으면 유익하다. 겉치레만 잘 하고 정직하지 못한 사람, 남에게 아첨을 잘 하고 성실하지 못한 사람, 말만 잘 하고 제대로 아는 것이 없는 사람을 사귀면 해롭다.
  - 교훈 : 유익한 벗과 해로운 벗을 잘 구분하여 사귀자.
- **맹자에서**
  - 말씀 : 친구를 사귈 때에는 내 나이가 많은 것을 내세우지 말고, 내 몸이 귀한 것을 내세우지 말며, 내 형제가 많은 것도 내세우지 말아야 한다. 친구를 사귄다는 것은 상대방의 인품을 사귀는 것이다. 우월감을 가져서는 안 된다.
  - 교훈 : 겸손한 친구를 사귀자.
- **예기에서**
  - 말씀 : 군자는 친구가 내게 지나치게 잘 대해 주지 못하게 하여, 친구가 내게 아첨을 하지 못하게 하여 친구 사귀는 것이 오래가게 한다.
  - 교훈 : 정직한 친구를 사귀자.
- **논어에서**
  - 말씀 : 친구에게 잘못이 있으면 충고하고, 바른 길로 인도하라. 그래도 친구가 듣지 않으면 충고하는 것을 그만두고 관계를 끊어서 자기 자신이 욕을 먹지 않아야 한다.
  - 교훈 : 바른 친구를 사귀자.

(6) 친구 사이에 하지 말아야 할 행동

① 친구의 새 자전거를 빌려 달라고 하는 행동

② 친구가 어렵게 한 숙제를 보여 달라고 하는 행동

③ 친구에게 거짓말하는 행동

④ 친구에게 심한 장난치는 행동

⑤ 친구를 험담하는 행동

(7) 친구 사이에 생기는 문제

① 친구와 약속을 지키지 않을 수 있다.

② 친구와 다툴 수 있다.

③ 친구를 다치게 할 수 있다.

(8) 친구 사이에 문제가 생기는 원인

① 자신만을 생각하기 때문이다.

② 친구 사이에 사소한 오해가 쌓여 풀리지 않았기 때문이다.

③ 친구의 마음을 몰라주었기 때문이다.

(9) 친구 사이에 생긴 문제를 해결하는 방법

① 잘못을 했을 경우 진정한 사과를 하고 용서를 구한다.

② 친구의 이야기를 잘 들어주고 입장을 이해한다.

③ 친구와 대화로 해결한다.

더 알아두기

사자 소학에 나온 친구에 대한 글

※ 자신의 행동과 비교하여 보자.

• 바른 사람을 사귀면 나 또한 저절로 바르게 되고, 나쁜 사람을 사귀면 나 또한 저절로 나쁘게 된다. 친구에게 잘못이 있으면 충고하여 잘 이끌어라. 사람에게 자기의 잘못을 꾸짖는 친구가 없으면 쉽게 옳지 못한 일에 빠질 것이다. 내 앞에서 나를 지나치게 칭찬하는 사람은 아첨하는 사람이고, 나의 잘못을 꾸짖는 사람은 곧은 사람이다.

• 친구 사이에는 반드시 믿음이 있어야 한다. 말을 하되 미덥지 못하면 정직한 친구가 아니다 : 항상 정직한 친구

집에 가는 길

• 친구를 따라 PC방에 간다 : 친구의 부탁을 거절하는 것은 우정이 아니기 때문

• 친구를 두고 혼자서 집에 간다 : 우정도 좋지만 부모님과 선생님의 말씀대로 하는 것이 옳기 때문

• 친구를 설득해서 집으로 간다 : 친구도 나도 숙제를 한다든지, 부모님과 선생님의 말씀을 따른다든지 하는 정당한 이유를 말하면 우정에 금이 가지 않기 때문

01 나와 너, 우리 함께

01 우정의 의미
- 친구 간에 서로 믿는 마음
- 친구 간에 서로 좋은 일을 권하는 것
- 친구 간에 서로 존중하는 마음
- 친구 간에 서로 사랑하고 아끼는 것

02 어떤 친구가 좋은 친구인가?
- 나를 잘 이해해 주는 친구
- 나에게 도움을 주는 친구
- 약속을 잘 지키는 친구
- 나에게 충고를 해 주는 친구

03 친구 사이에 문제가 생기는 원인
- 자신만을 생각하기 때문
- 친구 사이에 사소한 오해가 쌓여 풀리지 않았기 때문
- 친구의 마음을 몰라주었기 때문

04 친구 사이에 생긴 문제를 해결하는 방법
- 잘못을 했을 경우 진정한 사과를 하고 용서를 구한다.
- 친구의 이야기를 잘 들어주고 입장을 이해한다.
- 친구와 대화로 해결한다.

01 정다운 친구가 되기 위해 내가 해야 할 일이 <u>아닌</u> 것은?

① 친구와 한 약속을 잘 지킨다.

② 어려운 일이 있는 친구를 도와준다.

③ 친구끼리 예절을 지키고 서로 존중해 준다.

④ 친구가 하는 나쁜 일을 도와준다.

01
친구가 잘못된 행동을 할 때는 충고를 해 주어야 한다.

02 다음은 무엇에 대한 설명인가?

> • 친구 간에 서로 믿는 마음
> • 친구 간에 서로 존중하는 마음
> • 친구 간에 서로 사랑하고 아끼는 마음

① 우정　　　　　② 양보

③ 친절　　　　　④ 자유

02
우정의 의미
• 친구 간에 서로 믿는 마음이다.
• 친구 간에 서로 좋은 일을 권하는 것이다.
• 친구 간에 서로 존중하는 마음이다.
• 친구 간에 서로 사랑하고 아끼는 것이다.

03 참다운 우정을 가장 바르게 설명한 것은?

① 잘못된 일을 하면 못하게 한다.

② 친구의 잘못을 모두 감춘다.

③ 나쁜 일을 하는 것도 돕는다.

④ 친구가 아파도 모른 체한다.

03
친구가 잘못된 생각이나 행동을 할 때 동조하는 것이 아니라 충고하고 말리는 것이 참된 우정이다.

ANSWER
01. ④　**02.** ①　**03.** ①

04 다음 중 친구와 다툼과 갈등이 생겼을 때 해결하는 방법은?

① 자기 주장만 내세운다.

② 불쾌한 말을 한다.

③ 잘못한 일을 먼저 사과한다.

④ 친구의 약점을 들춘다.

05 친구를 위해 내가 할 일이 <u>아닌</u> 것은?

① 친구의 부탁을 무조건 들어준다.

② 색연필을 빌려 준다.

③ 운동을 하다 넘어진 친구를 부축해 준다.

④ 비 오는 날 우산을 같이 쓴다.

06 **기출** 다음과 같은 상황을 해결하기 위한 가장 바람직한 방법은?

> 수업이 끝나고 친구와 같이 농구를 하기로 약속했다. 그런데 그 친구가 갑자기 축구를 하자고 우겼다. 이럴 때는 어떻게 해야 할까?

① 큰 소리를 친다.

② 대화로 해결한다.

③ 화를 내고 싸운다.

④ 폭력으로 해결한다.

02 사랑이 가득한 우리집

(1) 가정의 의미와 역할

① 의미 : 가족끼리 같은 집에서 함께 보살펴주고 생활하는 작은 공동체를 말한다.

② 역할 : 힘든 일이 있거나 실수했을 때에도 이해해 주고 용기와 자신감을 가질 수 있도록 격려해 준다.

(2) 다양한 가정의 형태

핵가족	결혼하지 않은 자녀와 부모가 함께 사는 가족
확대 가족	결혼한 자녀와 부모가 함께 사는 가족
조손 가정	조부모와 손주로 이루어진 가정
한 부모가정	아버지와 자녀, 어머니와 자녀로 구성된 가정
재혼 가정	두 가족이 새롭게 한 가족이 된 가정
입양 가정	혈연관계는 아니지만 법률상으로 부모와 자녀 관계가 된 가정
다문화 가정	우리나라에 살고 있는 외국인과 결혼한 한국 가정, 또는 외국인 가정 등

(3) 다양한 가정의 생활 모습이 다른 이유

① 각 가정마다 가족의 수와 같이 사는 사람들이 다르기 때문이다.

② 가족이어도 서로 좋아하는 것이 다르기 때문이다.

③ 각자 하는 일이 달라서 생활하는 모습이 다르기 때문이다.

 알아두기

다른 생활 모습의 가정을 대하는 바른 태도

• 나와 다르다고 해서 이상하게 생각하거나 무시하지 않는다.
• 모든 가족의 생활 모습에는 장점과 단점이 있기 때문에 지나치게 부러워할 필요는 없다.

(4) 화목한 가정을 위해 필요한 덕목

① 효도 : 자식들이 어버이를 공경하고 잘 섬기는 것

② 사랑 : 다른 사람을 애틋하게 그리워하고 좋아하는 마음

③ 우애 : 형제 사이의 정과 사랑

④ 양보 : 다른 사람의 입장을 이해하여 자기의 주장이나 생각을 굽히고 먼저 베푸는 마음

⑤ 배려 : 여러 가지로 마음을 써서 보살피고 도와줌

⑥ 감사 : 고맙게 여기는 마음

(5) 가족 간에 지켜야 할 예절과 도리

① 가족의 소중함을 알고 자주 연락하며 화목하게 지낸다.

② 윗사람을 공경하고 아랫사람은 따뜻하게 대한다.

③ 서로에게 관심을 갖는다.

④ 호칭을 바르게 사용한다.

⑤ 예의에 어긋난 행동을 했다면 정중하게 사과한다.

⑥ 서로 존중하고 보살핀다.

⑦ 어려운 일이 있거나 실수했을 때에도 이해해 주고 용기와 자신감을 가질 수 있도록 격려해 준다.

(6) 가족 간에 화목하게 지내면 좋은 점

① 힘든 일이 있을 때 서로 도움을 주고받을 수 있다.

② 서로에 대해 잘 알 수 있다.

③ 기쁜 일이나 슬픈 일이 생기면 함께 할 수 있다.

(7) 가족 간의 갈등 해결방법

① 자신의 편안함만을 추구하기보다 가족 모두가 서로 존중하고 배려한다.

② 가족 구성원으로서 자신의 역할을 바로 알고 실천하도록 노력한다.

③ 갈등을 피하려고만 하지 말고 대화를 나누면서 서로의 생각을 이해하고 협력한다.

④ 서로 도우며 대화와 양보를 통해 해결한다.

(8) 가족 구성원으로 내가 실천할 수 있는 일

① 가족들에게 매일 사랑한다고 얘기한다.

② 집안 청소를 할 때 적극 참여한다.

③ 맛있는 음식이 있으면 함께 나눠 먹는다.

④ 엄마가 아프실 때 집안일을 도와드린다.

02 사랑이 가득한 우리집

01 가정이란 가족끼리 같은 집에서 함께 보살펴주고 생활하는 작은 공동체를 말한다.

02 다양한 가정의 형태

- 핵가족 : 결혼하지 않은 자녀와 부모가 함께 사는 가족
- 확대 가족 : 결혼한 자녀와 부모가 함께 사는 가족
- 조손 가정 : 조부모와 손주로 이루어진 가정
- 한 부모가정 : 아버지와 자녀, 어머니와 자녀로 구성된 가정
- 재혼 가정 : 두 가족이 새롭게 한 가족이 된 가정
- 입양 가정 : 혈연관계는 아니지만 법률상으로 부모와 자녀 관계가 된 가정
- 다문화 가정 : 우리나라에 살고 있는 외국인과 결혼한 한국 가정, 또는 외국인 가정 등

03 효도는 자식들이 어버이를 공경하고 잘 섬기는 것이다.

04 우애는 형제 사이의 정과 사랑을 말한다.

05 다른 사람의 입장을 이해하여 자기의 주장이나 생각을 굽히고 먼저 베푸는 마음은 양보이다.

06 여러 가지로 마음을 써서 보살피고 도와주는 것을 배려라고 한다.

01 가족 구성원 간의 갈등 해결방법에 해당하지 <u>않는</u> 것은?

① 자신의 편안함만을 추구하기보다 가족 모두가 서로 존중하고 배려한다.

② 가족 간에 갈등이 생겼을 때 솔직하게 얘기하면 서운해질 수 있으므로, 혼자 이해하려고 노력한다.

③ 가족 구성원으로서 자신의 역할을 바로 알고 실천하도록 노력한다.

④ 서로 도우며 대화와 양보를 통해 해결한다.

02 우리나라에 살고 있는 외국인과 결혼한 한국인 가족의 형태로 알맞은 것은?

① 한 부모 가정　　② 입양 가정

③ 확대 가족　　　④ 다문화 가정

03 가족 간에 지켜야 할 예절과 도리로 옳지 <u>않은</u> 것은?

① 가족은 친밀한 관계이므로 호칭을 편하게 사용해도 된다.

② 어려운 일이 있거나 실수했을 때에도 이해해 주고 용기와 자신감을 가질 수 있도록 격려해 준다.

③ 예의에 어긋난 행동을 했다면 정중하게 사과한다.

④ 자주 연락하며 화목하게 지낸다.

01
갈등을 피하려고만 하지 말고 대화를 나누면서 서로의 생각을 이해하고 협력한다.

02
① 한 부모 가정 : 아버지와 자녀, 어머니와 자녀로 구성된 가정
② 입양 가정 : 혈연관계는 아니지만 법률상으로 부모와 자녀 관계가 된 가정
③ 확대 가족 : 부모와 미혼 자녀, 결혼한 자녀, 자녀의 배우자와 그 자녀를 포함하는 가족

03
① 호칭을 바르게 사용한다.

ANSWER

01. ②　**02.** ④　**03.** ①

04 다음 중 화목한 가족의 모습으로 옳지 <u>않은</u> 것은?

① 서로의 생활이 바빠 돕지 않는 가족

② 서로를 이해하고 아끼는 가족

③ 어려운 일이 생겼을 때 함께 의논하여 해결하는 가족

④ 대화가 많은 가족

04
화목한 가족의 모습
• 서로 도와가며 생활하는 가족
• 대화가 많은 가족
• 서로를 이해하고 아끼는 가족
• 어려운 일이 생겼을 때 함께 의논하여 해결하는 가족

05 다음 중 가족 간의 갈등 해결방법으로 옳지 <u>않은</u> 것은?

① 가족 구성원으로서 자신의 역할을 바로 알고 실천하도록 노력한다.

② 갈등을 피하려고만 하지 말고 대화를 나누면서 서로의 생각을 이해하고 협력한다.

③ 가족 구성원으로서 자신의 역할을 바로 알고 실천하도록 노력한다.

④ 자신은 소중하므로 자신의 편안함만을 추구한다.

05
④ 서로 도우며 대화와 양보를 통해 해결한다.

A N S W E R
04. ① **05.** ④

03 공손하고 다정하게

1 예절이란?

(1) 예절

바른 말투나 몸가짐에 관한 모든 절차나 질서를 말한다.

(2) 올바른 예절의 의미

상대방의 입장에서 먼저 생각하고 존중하고 배려하는 마음을 태도로 드러내는 것을 의미한다.

> **바로로 확인 ▶▶**
>
> 다음 내용에 해당되는 덕목은?
>
> • 도서관에서 조용히 하기
> • 때와 장소에 맞게 인사하기
>
> ① 교만 ❷ 예절
> ③ 차별 ④ 참견

(3) 예절을 지켜야 하는 이유

① 서로 배려하며 마음을 나누면 행복해진다.

② 따뜻한 말을 주고받으면 서로 존중하는 마음을 가질 수 있다.

③ 반가운 마음을 나누면 서로의 기분이 좋아진다.

(4) 예절바른 사람이 되는 방법

① **생각하기** : 대상과 상황에 따라 존중의 마음을 어떻게 나타내야 할지 생각한다.

② **존중하기** : 상대방을 존중하는 마음부터 시작된다.

③ **표현하기** : 대상과 상황에 알맞은 예절을 바르게 행동으로 옮긴다.

④ **돌아보기** : 내가 실천한 예절이 적절한지 돌아보고 더 잘하기 위해 노력한다.

(5) 인사 예절법

① 인사는 사람과 사람이 마주하거나 헤어질 때 가장 기본이 되는 예절이다.

② 인사는 관계를 시작하고 유지하기 위해 꼭 필요한 행동이다.

③ 인사는 상대방을 존중하고 배려하는 마음, 존경을 표현하는 마음이 포함된다.

(6) 다양한 인사법과 예절

① 공수인사법 : 두 손을 앞으로 모아 다소곳하게 하는 공손한 자세를 말한다.

※ 평상시 공수할 때 남성은 왼손이 위로 가고, 여성은 오른손이 위로 가며, 흉사 시에는 그 반대로 한다.

② 큰절인사법 : 우리나라 전통 인사법으로 공수한 자세에서 두 손을 이마에 대고 무릎을 꿇고 허리를 굽힌다.

※ 명절이나 웃어른께 정식으로 인사를 할 때 하는 절이다.

③ 허리를 숙이는 각도에 따라 목례(15도), 보통례(30도), 경례(45도) 등으로 나뉜다.

2 이웃과 더불어

(1) 이웃사촌의 의미

① 사촌처럼 가깝고 정답게 지낸다는 뜻이다.

② 즐거운 일에는 같이 기뻐하고, 어려운 일은 서로 도우며 지내는 이웃을 의미한다.

③ 가까이 사는 사람끼리 서로 아끼고 존중하며 지내야 한다는 의미이다.

용어 설명 이웃사촌

　　　공동체 구성원으로서 나와 서로 영향을 주고받으며 함께 살아가는 우리 주변의 사람들을 말한다.

(2) 우리 조상들의 이웃사촌 정신

① 명절 때 세배를 하거나 음식을 나누어 먹었다.

② 길(결혼 · 생신 등의 기쁜 일), 흉(죽음과 같은 슬픈 일)사에 서로 도움을 주었다.

③ 멀리 있는 친척보다 가까이서 서로 돕는 이웃이 더 정답게 지낸다.

④ 교통과 통신이 발달하면서 이웃의 의미가 더 넓어졌다.

(3) 이웃 간의 예절

① 인사 예절 : 모르는 이웃을 만났을 때 먼저 인사하기, 슬픈 일이 있을 때 위로의 인사말 해 주기

② 언어 예절 : 상대방의 기분을 헤아리며 말하기, 상대방의 말을 끝까지 들어주기

③ 질서와 준법 : 음식물 쓰레기는 지정된 장소에 정해진 방법으로 버리기, 엘리베이터에서 장난치지 않기

④ 상부 상조 : 무거운 짐 함께 들어주기, 힘들고 어려운 일이 있을 때 서로 도와주기

(4) 동방예의지국의 나라

① 우리나라를 말한다.

② '예의를 잘 지키는 나라'라는 뜻이다.

③ 예의는 다른 사람과의 사이에 지키는 예절이므로 이웃 간에 서로 잘 사귀며 사이좋게 지냈다는 뜻이 포함되어 있다.

④ 예절은 마음으로 상대를 존중하고 사랑하는 마음에서 시작된다.

(5) 이웃 사람끼리 서로 피해야 할 일 중요⁺

① 옆집에 들릴 정도로 큰소리로 말하는 것

② 우리 집 쓰레기가 이웃집 사람들을 불쾌하게 하는 것

③ 자기 집에 유리한 행동만 하는 일

④ 새로 이사 온 집에 대하여 모른 척하는 일

⑤ 독거 노인(혼자 사는 노인)을 못 본 체하는 일

⑥ 지나치게 자기 집의 물건을 자랑하는 일

⑦ 아이들끼리만 친하게 지내는 일

바로로 확인 ▶▶

다음 편지로 해결하고자 하는 이웃과의 갈등은?

아랫집 이웃에게
저희 집에서 쿵쾅쿵쾅 소리가 자주 나서 불편하셨다면 정말 죄송합니다. 앞으로는 조심하겠습니다.

윗집 이웃에게
편지를 읽고 그동안 불편했던 마음이 사라졌어요. 앞으로 서로 배려하면서 지내요.

❶ 층간 소음 문제
② 매연 및 흡연 문제
③ 쓰레기 분리 수거 문제
④ 자동차 불법 주차 문제

공동 주택에서 실천할 예절

- 엘리베이터에서 이웃 사람과 인사 나누기
- 밤늦은 시간에 큰 소리 내지 않기(악기 등)
- 방에서 발소리가 나지 않게 조용히 걷기
- 주차선 지키기
- 쓰레기 분리 수거 잘하기
- 물건을 복도나 계단에 내놓지 않기
- 문소리 나지 않도록 조심하기
- 정해진 공동 규칙 반드시 잘 지키기

03 공손하고 다정하게

01 예절은 바른 말투나 몸가짐에 관한 모든 절차나 질서를 말한다.

02 예절바른 사람이 되는 방법
- 생각하기 : 대상과 상황에 따라 존중의 마음을 어떻게 나타내야 할지 생각한다.
- 존중하기 : 상대방을 존중하는 마음부터 시작된다.
- 표현하기 : 대상과 상황에 알맞은 예절을 바르게 행동으로 옮긴다.
- 돌아보기 : 내가 실천한 예절이 적절한지 돌아보고 더 잘하기 위해 노력한다.

03 인사는 사람과 사람이 마주하거나 헤어질 때 가장 기본이 되는 예절이다.

04 공수인사법은 두 손을 앞으로 모아 다소곳하게 하는 공손한 자세를 말한다.

05 큰절인사법은 우리나라 전통 인사법으로 공수한 자세에서 두 손을 이마에 대고 무릎을 꿇고 허리를 굽힌다.

06 공동체 구성원으로서 나와 서로 영향을 주고받으며 함께 살아가는 우리 주변의 사람들을 이웃사촌이라고 한다.

07 화목한 이웃 생활을 위해서 해야 할 일 : 서로 양보하기, 바른말 고운말 쓰기, 이웃에 피해주지 않기, 존중과 배려하기, 상부상조하기

08 이웃과 더불어 잘 지내기 위해 우리가 실천할 예절 : 인사 예절, 언어 예절, 질서와 준법, 상부상조 등

09 동방예의지국의 나라는 우리나라를 말하는 것으로 '예의를 잘 지키는 나라'라는 뜻이다.

01 다음 중 ㉠에 들어갈 말은?
기출

> 우리 반 (㉠) 헌장
> • 친구와 고운 말로 대화해요.
> • 내가 먼저 마음을 담아 인사해요.
> • 교실에서는 사뿐사뿐 걸어 다녀요.

① 교만   ② 예절

③ 질투   ④ 차별

02 ㉠에 들어갈 내용으로 적절하지 않은 것은?
기출

인사 예절 실천 카드

• 밝은 목소리로 인사하기
• ㉠

① 웃으며 인사하기

② 내가 먼저 인사하기

③ 마음을 담아서 인사하기

④ 시끄럽게 통화하며 인사하기

01

예절 : 상대방의 입장에서 먼저 생각하고 존중하고 배려하는 마음을 태도로 드러내는 것이다.

02

④ 시끄럽게 통화하며 인사하는 것은 예절에 어긋나는 행동이다.

03 이웃 생활에 필요한 예절의 기본 정신은?

기출 ① 이웃을 존중한다.

② 힘든 일은 모른 척 한다.

③ 남의 집을 아무 때나 방문한다.

④ 항상 내 일을 우선으로 생각한다.

03
이웃 간에 존중하고 배려하며 더불어 살아가는 이웃 공동체를 만들어 나간다.

04 이웃과 더불어 살아가는 태도로 알맞지 <u>않은</u> 것은?

① 공동으로 해야 할 일은 서로 협조한다.

② 이웃에게 피해를 주는 일은 하지 않는다.

③ 기쁜 일과 슬픈 일은 이웃과 함께 나눈다.

④ 골목길은 아무 곳에나 주정차해도 된다.

04
④는 이웃끼리 서로 피해야 할 일이다.

ANSWER
03. ① **04.** ④

04 하나로 모으는 힘과 마음

(1) 협동을 실천하기 위해 필요한 덕목 중요⁺

배려, 신뢰, 존중, 겸손, 절제, 성실, 공익
추구 등

용어 설명 협동 : 서로 마음과 힘을 합친다는 사전적
의미를 지니고 있으며 공동체 생활에서
꼭 필요하다.

바로 확인

다음 내용과 가장 관련 있는 것은?

• '나 하나쯤이야.'하는 생각을 버린다.
• 함께 목표를 달성하기 위해 노력한다.
• 모두 참여할 수 있도록 역할을 나눈다.

① 체력　　　　② 편견
❸ 협동　　　　④ 무관심

(2) 협동을 실천하는 데 방해가 되는 것들

이기심, 사익 추구, 지나친 경쟁심, 자만심, 오만 등

(3) 협동의 가치

① 자기 계발의 계기가 되기도 한다.

② 타인을 존중하고 배려할 줄 아는 마음이 생긴다.

③ 서로 힘을 모으면 더 큰 힘을 발휘할 수 있다.

(4) 협동의 중요성을 나타내는 속담

① 백지장도 맞들면 낫다.

② 손이 많으면 일도 쉽다.

더 알아두기

상부상조의 전통

• 계 : 친목을 꾀하면서 경제적인 도움을 주고받음 예 친목계
• 품앗이 : 일 대 일 노동 교환 방식 예 김장 일손 돕기
• 두레 : 마을 공동의 노동 조직 예 공동 우물 파기
• 향약 : 마을의 자치 규약 예 풍속 문란자 자체 처벌

③ 먹기는 혼자 먹어도 일은 혼자 못한다.

④ 손뼉도 마주쳐야 소리가 난다.

(5) 학교가 고장의 발전에 보탬이 되는 방법

① **인재 양성의 길** : 열심히 공부하여 고장에 꼭 필요한 인물이 된다.

② **뛰어놀 장소 제공** : 선후배와 친구 사이에 즐겁게 지낸다.

③ **어른들의 조기 축구 장소 제공**

    ㉠ 이웃끼리 친하게 지내며 건강을 다진다.

    ㉡ 서로 돕는 일에 대하여 의논한다.

(6) 학교와 고장의 발전을 위해 할 수 있는 일

① **학교를 위해** : 나무 심기, 꽃 가꾸기, 청소하기, 쓰레기 분리수거 하기 등

② **고장을 위해** : 자연 환경 지키기 운동, 내 집 앞 청소하기, 꽃길 만들고 가꾸기, 수목 보호하기, 경로당 방문하기 등

(7) 학교와 고장을 위해 우리가 봉사해야 하는 까닭

① 학교는 도덕성을 길러 주고 지식과 기능을 익혀 훌륭한 사람이 되게 도와주는 곳이므로 잘 가꾸고 보호해야 한다.

② 고장은 우리가 살아왔고 살아갈 터전이므로 다같이 아끼고 다듬어 가야 한다.

(8) 우리 학교, 우리 고장의 주인

① **학교의 주인** : 어린이, 학부모, 지역 주민

② **고장의 주인** : 고장에 살고 있는 모든 사람이 주인이다.

③ **주인의 마음가짐과 할 일**

    ㉠ 고장의 주인답게 생활을 한다.

    ㉡ 주인은 고장을 사랑한다.

    ㉢ 주인은 고장을 발전시킨다.

(9) 학교와 고장을 위해 애쓰는 분들

① 학교를 위해 애쓰시는 분들

　ㄱ 모든 학부모님과 지역 주민

　ㄴ 학교 운영 위원회 위원

　ㄷ 체육 진흥회, 어머니회, 녹색 어머니 회원 등

② 마을을 위해 애쓰시는 분들

　ㄱ 동장, 통장, 반장 등 동네를 위해 일하는 분들

　ㄴ 마을 이장, 반장, 마을의 자원 봉사자 등

③ 감사를 드리는 방법

　ㄱ 인사를 잘 하는 일

　ㄴ 좋은 말씀하시면 "고맙습니다."라고 말씀 드리기

　ㄷ 학교를 방문하면 친철하게 안내해 드리기

(10) 고장에 어려운 점이 있을 때 가져야 하는 마음가짐

① 고장을 사랑하는 마음을 갖는다.

② 서로 의견을 충분히 나눈다.

③ 고장의 이익을 자신의 이익보다 우선시한다.

④ 서로 협동하여 어려움을 극복한다.

⑤ 고장의 어려움을 나의 어려움으로 생각한다.

 알아두기

협동하여 이로움을 얻은 사례

행주대첩

　임진왜란 3대 대첩 중 하나로, 1593년 2월 권율이 행주산성에서 왜군을 대파한 전투를 말한다. 권율은 갖은 방법을 동원하여 왜군과 맞서 치열한 싸움을 계속하였으며, 심지어 부녀자들까지 동원되어 관민(官民)이 일치단결하여 싸웠다. 이때 성 안의 부녀자들은 치마에 돌을 날라 병사들에게 공급해 주었으며, 이 석전(石戰)으로 적에게 큰 피해를 입힐 수 있었다고 한다.

콕! 찍어주는 핵심정리

04 하나로 모으는 힘과 마음

01 협동이란 서로 마음과 힘을 합친다는 사전적 의미를 지니고 있으며 공동체 생활에서 꼭 필요하다.

02 협동을 실천하는 데 방해가 되는 것들 : 이기심, 사익 추구, 지나친 경쟁심, 자만심, 오만 등

03 상부상조의 전통
- 계 : 친목을 꾀하면서 경제적인 도움을 주고받음 ◉ 친목계
- 품앗이 : 일 대 일 노동 교환 방식 ◉ 김장 일손 돕기
- 두레 : 마을 공동의 노동 조직 ◉ 공동 우물 파기
- 향약 : 마을의 자치 규약 ◉ 풍속 문란자 자체 처벌

04 학교의 주인은 어린이, 지역 주민 모두이다.
학교 시설을 이용하는 사람은 누구든지 주인된 마음으로 학교를 사랑하는 애교심을 가져야 한다.

01 협동을 실천하는 마음가짐으로 바람직하지 <u>않은</u> 것은?

① 서로 배려하기

② 서로 존중하기

③ 상대방 무시하기

④ 함께라는 생각 갖기

02 다음 속담에 공통으로 담긴 덕목은?

기출

> • 백지장도 맞들면 낫다.
> • 손이 많으면 일도 쉽다.

① 용기　　　　② 절약

③ 협동　　　　④ 효도

03 학교와 고장을 위해 실천할 일이 <u>아닌</u> 것은?

① 학교의 시설물 아껴 쓰기

② 불우 학우 돕기

③ 골목 청소하기

④ 교통 지도하기

04 협동을 실천하는 데 방해가 되는 것이 <u>아닌</u> 것은?

① 존중
② 이기심
③ 사익 추구
④ 지나친 경쟁심

05 다음 상부상조의 전통 중 마을 사람들이 함께 일하기 위해 만든 것은?

① 품앗이
② 두레
③ 향약
④ 계

06 **기출** ㉠에 공통으로 들어갈 말로 가장 적절한 것은?

> • (㉠)은/는 서로 마음과 힘을 합친다는 뜻이다.
> • (㉠)을/를 잘하려면 '나'보다는 '우리'라는 마음가짐이 필요하다.

① 갈등
② 비난
③ 절약
④ 협동

05 갈등을 해결하는 지혜

(1) 갈등의 의미와 갈등상황

① 갈등 : 개인이나 집단 사이에 목표나 이해관계가 달라 서로 적대시하거나 충돌하는 상태

② 일상생활에서 일어날 수 있는 갈등상황

    ㉠ 책임의식의 부족

    ㉡ 생각의 차이, 가치관의 차이로 인한 갈등

    ㉢ 잘못된 사회 구조나 관행으로 인한 갈등

    ㉣ 하나의 사실(사건)에 대해 보는 입장이 다를 때 나타나는 갈등

    ㉤ 상대방의 기분을 상하게 하는 말과 행동이나 존중하지 않는 태도로 인한 갈등

    ㉥ 충간소음, 주차 문제, 애완견 짖음 등으로 인한 이웃 간의 갈등

(2) 갈등을 해결하는 방법

① 힘에 의한 해결

    ㉠ 상대방에게 희생을 요구하거나 승자와 패자로 나뉘게 되는 것이다.

    ㉡ 힘에 의한 해결 방법은 갈등의 근본적 해결이 어렵다.

② 법에 의한 해결

    ㉠ 제도적 장치를 통해 갈등을 평화적으로 해결하는 것이다.

    ㉡ 제3자가 개입하므로 근본적인 해결책은 아니다.

갈등 해결을 위한 올바른 대화법

- 상대방이 이야기할 때는 하던 일을 잠시 멈추고 바라본다.
- 내가 말하고 싶더라도 상대방이 말하는 것을 끝까지 경청한다.
- 따뜻하고 배려심 있는 태도로 상대방의 말에 반응한다.

③ 대화를 통한 해결 : 서로가 만족할 수 있는 결과를 이끌어 내어 갈등을 평화적으로 해결할 수 있다.

(3) 갈등 해결을 위한 마음가짐

① 소수 의견도 경청한다.

② 다른 사람의 입장을 이해·공감하고 존중한다.

③ 자기 생각만 고집하지 않는다.

(4) 친구 사이의 갈등 해결을 위한 또래조정법

① 또래조정 : 학생들 사이에서 일어나는 갈등을 또래 학생이 조정자가 되어 대화를 통해 해결하도록 돕는 과정 및 활동을 말한다.

② 또래조정 과정

㉠ 또래조정을 소개하고 대화규칙을 만든다.

㉡ 갈등 문제에 대해 이야기하고 듣는다.

㉢ 갈등 문제와 원인을 찾는다.

㉣ 각자의 생각과 해결방법을 모은다.

㉤ 공정하고 평화로운 해결방법인지 합의한다.

또래 갈등 해결을 위해 경청하며 대화하는 방법 중요⁺

- 멈(멈추기) : 친구와 이야기할 때 자신이 하던 일을 잠시 멈추고 친구를 바라본다.
- 숨(숨쉬기) : 몸의 긴장을 풀고 친구에게 다가가 이야기를 잘 들을 수 있게 준비한다.
- 듣(듣기) : 친구가 하는 말에 고개를 끄덕이며 경청한다.
- 반(반응하기) : 따뜻하고 배려심 있는 태도로 친구의 말에 반응한다.

③ 또래조정 신청 시 반드시 지켜야 할 것

　　㉠ 중립 : 어느 쪽에도 치우치지 않고 중간적 입장을 지켜야 한다.

　　㉡ 자율 : 남의 지배나 구속을 받지 않고 또래조정 학생들이 자율적으로 실천해야 한다.

　　㉢ 비밀 유지 : 모든 일에 비밀을 지켜야 한다.

④ 또래조정을 실행하면 좋은 점

　　㉠ 또래조정을 통해 친구의 마음을 이해하고 공감할 수 있다.

　　㉡ 올바른 대화법을 사용한다.

　　㉢ 갈등해결 방식을 스스로 배울 수 있다.

　　㉣ 친구들과의 관계가 원만해진다.

(5) 갈등 해결을 위한 민주적인 회의방법

① 다른 사람이 말하는 중에 말을 끊지 않고, 의견을 경청한다.

② 다른 사람의 의견이 나와 다르다고 하더라도 옳으면 찬성할 줄 알아야 한다.

③ 자기 의견을 확실하게 말하고, 자기의 주장에 책임진다.

④ 다수의 결정을 따르기는 하지만, 소수의 의견도 존중한다.

(6) 민주적인 회의를 하면 좋은 점

① 한 사람만의 의견이 결정되는 것을 막을 수 있다.

② 찬성과 반대 의견을 분명하게 구분할 수 있다.

알아두기

민주적인 회의가 필요한 경우

• 가정 : 가족여행에서 여행지를 정하는 경우, 외식할 때 메뉴를 정하는 경우, 가족 간에 서로 다른 의견이 생긴 경우 등

• 학교 : 학급의 임원을 뽑아야 하는 경우, 학급의 중요 문제를 해결해야 하는 경우, 청소 당번을 정하는 경우 등

③ 상대방을 이해하고 존중하는 법을 배울 수 있다.

④ 자신의 생각이나 의견을 효과적으로 전달하는 법을 배울 수 있다.

⑤ 여러 사람의 다양한 의견을 들으며 나의 고정관념을 깰 수 있다.

(7) 갈등을 해결하면 좋은 점

① 다른 사람과의 싸움이 줄어든다.

② 갈등을 해결하고 마음이 더욱 편안해신다.

③ 이전보다 더 바람직한 미래를 맞이할 수 있다.

④ 다른 사람과의 관계가 더욱 돈독해진다.

⑤ 갈등 해결방법을 익힐 수 있다.

(8) 갈등해결을 위한 실천행동

① 서로의 의견이 달라도 상대방의 주장을 존중하고 다름을 인정한다.

② 화를 내거나 폭력으로 해결하지 않고 올바른 대화법을 통해 갈등을 해결한다.

③ 나의 행동에 대해 먼저 돌아본다.

④ 혼자 갈등해결이 힘들 때는 주변에 도움을 요청한다.

⑤ 나와 의견이 다를 때는 민주적인 회의를 통해 정한다.

05 갈등을 해결하는 지혜

01 갈등이란 개인이나 집단 사이에 목표나 이해관계가 달라 서로 적대시하거나 충돌하는 상태를 말한다.

02 갈등을 해결하는 방법

- 힘에 의한 해결 : 상대방에게 희생을 요구하거나 승자와 패자로 나뉘게 되는 것으로 갈등의 근본적 해결이 어렵다.
- 법에 의한 해결 : 제도적 장치를 통해 갈등을 평화적으로 해결하는 것으로 제3자가 개입하기 때문에 근본적인 해결책은 아니다.
- 대화를 통한 해결 : 서로가 만족할 수 있는 결과를 이끌어 내어 갈등을 평화적으로 해결할 수 있다.

03 갈등 해결을 위한 올바른 대화법은 내가 말하고 싶더라도 상대방이 말하는 것을 끝까지 경청한다.

04 또래조정은 학생들 사이에서 일어나는 갈등을 또래 학생이 조정자가 되어 대화를 통해 해결하도록 돕는 과정 및 활동을 말한다.

05 또래 갈등 해결을 위해 경청하며 대화하는 방법

- 멈(멈추기) : 친구와 이야기할 때 자신이 하던 일을 잠시 멈추고 친구를 바라본다.
- 숨(숨쉬기) : 몸의 긴장을 풀고 친구에게 다가가 이야기를 잘 들을 수 있게 준비한다.
- 듣(듣기) : 친구가 하는 말에 고개를 끄덕이며 경청한다.
- 반(반응하기) : 따뜻하고 배려심 있는 태도로 친구의 말에 반응한다.

06 또래조정 신청 시 반드시 지켜야 할 것 : 중립, 자율, 비밀 유지

실전 예상 문제

01 다음 중 갈등을 해결하기 위한 바른 방법은?

① 상대방의 말은 무시한다.
② 나의 욕심만을 생각한다.
③ 입장을 바꿔 생각해본다.
④ 무조건 힘으로 해결한다.

02 갈등을 겪고 있는 상황으로 적절하지 <u>않은</u> 것은?

① 동네에서 주차 문제로 이웃 간에 다투는 경우
② 음식점 앞에서 길게 선 줄에 끼어드는 사람과 말다툼하는 경우
③ 식구들끼리 밥을 먹을 때도 핸드폰을 사용해서 부모님과 실랑이를 하는 경우
④ 학급 회의에서 수학여행을 주제로 의논하는 경우

03 다음 중 갈등해결을 위한 민주적인 회의방법이 <u>아닌</u> 것은?

① 자기의 주장에 책임진다.
② 나와 다른 의견이라도 옳으면 찬성할 줄 알아야 한다.
③ 다른 사람의 의견을 존중하기 위해 자기 의견은 말하지 않는다.
④ 다른 사람이 말하는 중에 말을 끊지 않는다.

01

갈등을 민주적으로 해결하기 위한 방법
• 다른 사람의 처지를 이해하려고 한다.
• 자기의 주장을 그 이유와 함께 충분히 설명한다.
• 다른 사람 의견을 듣고, 잘못된 것은 상대가 불쾌하지 않게 부드러운 말투로 지적한다.
• 상대방을 무시하는 말을 해서는 안 된다.
• 내 주장이 잘못되었으면 과감하고 솔직하게 바꾼다.
• 표결을 할 때는 공정하게 판단하며, 그 결과를 존중하고 따른다.
• 소수의 의견도 무시하지 않고 존중한다.

02

학급 회의를 통해 대화와 토론을 하면 서로의 입장을 이해하고 입장 차이를 좁힐 수 있다.

03

③ 자기 의견을 확실하게 말한다.

ANSWER
01. ③ **02.** ④ **03.** ③

04 갈등을 해결하기 위한 바람직한 공감의 태도가 <u>아닌</u> 것은?

① 자연스럽게 고개를 끄덕이기

② 말하는 사람의 눈을 쳐다보지 않기

③ 미소를 지으며 따뜻한 말 건네주기

④ 상대방의 말에 집중하며 귀 기울여 듣기

04
갈등이 생긴 상황에서 상대방의 눈을 쳐다보지 않는 것은 갈등을 해결하기 위한 좋은 방법이 아니다. 대화를 할 때는 상대방의 말에 집중하고 귀 기울여 들으며 따뜻한 말을 건넨다.

05 갈등해결을 위한 실천행동으로 옳지 <u>않은</u> 것은?

① 서로 의견이 다를 때는 화를 내서라도 내 의견을 고집한다.

② 폭력으로 해결하지 않고 올바른 대화법을 통해 갈등을 해결한다.

③ 혼자 갈등해결이 어려울 때는 주변에 도움을 요청한다.

④ 상대방의 주장을 존중하고 다름을 인정한다.

05
① 화를 내기 전에 나의 행동에 대해 먼저 돌아본다.

06 또래조정 신청 시 반드시 지켜야 할 것으로 옳지 <u>않은</u> 것은?

① 상황에 따라 비밀을 지키지 않아도 된다.

② 어느 편에도 치우치지 않고 공정해야 한다.

③ 또래조정자는 선생님이 선발하는 것이 아니라 친구들에게 신망이 있는 학생, 다른 친구들의 문제에 관심을 갖고 돕고자 하는 의지가 있는 학생들이 하는 것이 바람직하다.

④ 또래조정 학생들이 자율적으로 실천해야 한다.

06
① 모든 일에 비밀을 지킨다.

ANSWER
04. ② 05. ① 06. ①

07
기출
다음 중 ⊙에 들어갈 말로 적절한 것은?

┌─────────────────────────────────────┐
│   경청하며 대화하는 방법   │
├─────────────────────────────────────┤
│   │
│ 1. **멈추기** : 자신이 하던 일을 잠시 멈추고 친구 바라보기 │
│ 2. **숨쉬기** : 몸의 긴장을 풀고 대화 나눌 준비하기   │
│ 3. (⊙) : 이야기에 공감하며 귀 기울이기   │
│ 4. **반응하기** : 따뜻하고 배려심 있는 태도로 반응하기   │
│   │
└─────────────────────────────────────┘

① 듣기   ② 외면하기

③ 무시하기   ④ 비난하기

07

또래 갈등 해결을 위해 경청하며 대화하는 방법

• 멈(멈추기) : 친구와 이야기할 때 자신이 하던 일을 잠시 멈추고 친구를 바라본다.
• 숨(숨쉬기) : 몸의 긴장을 풀고 친구에게 다가가 이야기를 잘 들을 수 있게 준비한다.
• 듣(듣기) : 친구가 하는 말에 고개를 끄덕이며 경청한다.
• 반(반응하기) : 따뜻하고 배려심 있는 태도로 친구의 말에 반응한다.

──ANSWER──
07. ①

01 예절 바른 행동은 어떤 행동인가?

① 때와 장소에 어울리지 않는 말과 행동을 한다.

② 웃어른에게만 인사한다.

③ 진실한 마음과 공손한 태도를 갖는다.

④ 마음에도 없는 형식만 지킨다.

02 다음 중 화장실에서 지켜야 할 예절이 <u>아닌</u> 것은?

① 바른 자세로 용변을 본다.

② 화장지는 필요한 만큼 쓴다.

③ 줄을 서서 순서를 기다린다.

④ 물은 될 수 있는 대로 많이 쓴다.

03 서로 돕는 생활이 필요한 까닭은 무엇인가?

① 어려움을 당한 사람에게 용기를 주므로

② 한 사람의 힘은 약하기 때문에

③ 다른 사람에게 의존할 수 있으므로

④ 혼자서는 손해를 볼 때가 많으므로

04 다음 중 협동을 하기 위해 필요한 마음가짐으로 옳지 <u>않은</u> 것은?

① 서로 무시하기

② 서로 돕고 의지하기

③ 서로 믿기

④ 마음 열기

04
협동은 서로가 서로를 믿고 의지하는 것이다.

05 다음 중 예절의 형식에 대해 바르게 생각한 것은?

① 표현을 올바로 하지 못하더라도 바른 정신을 지니면 된다.

② 칭찬을 받기 위한 겉치레 인사가 바람직하다.

③ 겉으로 드러나는 형식만이 참된 예절이다.

④ 마음 깊숙한 곳에서 우러나는 마음을 올바른 형식을 빌려 표현한다.

05
예절은 상대방을 마음속에서 우러나오는 존경심과 반가움을 나타내는 형식의 하나이다.

06 '이웃사촌'이란 어떻게 생겨난 말인가?

① 사촌이 이웃에 살아서

② 이웃 사람과 친척이 결혼해서

③ 이웃끼리 서로 아끼고 돕기 때문에

④ 이웃이 잘되면 배가 아파서

06
이웃사촌의 의미
• 사촌처럼 가깝고 정답게 지낸다는 뜻이다.
• 가까이 사는 사람끼리 서로 아끼고 존중하며 지내야 한다는 의미이다.
• 즐거운 일에는 같이 기뻐하고, 어려운 일은 서로 도우며 지내는 이웃을 의미한다.

ANSWER
04. ① **05.** ④ **06.** ③

07 다음과 같은 조상들의 생활 모습에서 공통적으로 본받을 점은?

> 두레, 향약, 품앗이, 계

① 정직　　　　　② 공경
③ 협동　　　　　④ 효도

08 이웃들과 사이좋게 지내려면 어떻게 지내야 하는가?

① 사소한 일에도 간섭한다.
② 어려운 일은 서로 도우며 지낸다.
③ 자주 다투며 서로 경쟁한다.
④ 서로 무관심하게 지낸다.

09 예절 바른 행동은 어떤 행동인가?

① 마음에도 없는 형식만 지킨다.
② 웃어른에게만 인사한다.
③ 때와 장소에 어울리지 않는 말과 행동을 한다.
④ 진실한 마음과 공손한 태도를 갖는다.

10 고장에 어려운 점이 있을 때 어떤 마음을 가져야 하는가?

① 고장의 어려움을 나의 어려움으로 생각한다.

② 이웃이 해결할 때까지 기다린다.

③ 자기의 의견만 내세운다.

④ 자기의 이익만 생각한다.

11 민주적으로 문제를 해결하기 위해 지녀야 할 마음가짐은?

① 다른 사람의 의견을 존중한다.

② 설득보다는 자신의 의견을 고집한다.

③ 소수의 의견은 고려하지 않는다.

④ 다른 사람의 입장을 무시한다.

10

고장에 어려운 점이 있을 때 가져야 하는 마음가짐

• 고장을 사랑하는 마음을 갖는다.

• 고장의 이익을 자신의 이익보다 우선시한다.

• 고장의 어려움을 나의 어려움으로 생각한다.

11

② 다른 사람의 의견을 듣고, 잘못된 것은 상대가 불쾌하지 않게 부드러운 말투로 지적한다.

③ 소수의 의견도 무시하지 않고 존중한다.

④ 다른 사람의 입장을 이해하려고 한다.

ANSWER

10. ① 11. ①

Chapter

03

사회 · 공동체와의 관계

사회·공동체와의 관계

학습 point⁺ 양심과 규칙의 의미, 공공장소에서 규칙을 지켜야 하는 이유와 예절, 공익과 사익의 조화, 도덕 공부의 의미에 대한 내용을 이해하고 제대로 파악해야 한다. 공정한 생활이 중요한 까닭, 인권이 소중한 이유, 사이버 공간의 특징, 생명 존중 정신의 실천, 인명을 중심으로 한 활동, 자연환경 보호, 배려를 실천하기 위한 자세, 봉사 활동의 중요성, 다른 사람의 권익을 존중하기 위한 일, 절약의 의미에 관한 문제도 반드시 학습해야 한다.

01 공정한 생활의 실천

(1) 양심의 의미

자기의 행위에 대하여 옳고 그름을 판단하고, 바른 말과 행동을 하려는 마음이다.

(2) 규칙의 의미

① 다 함께 지키기로 정한 사항이나 법칙이다.

② 공동생활의 질서와 안전을 유지하기 위해 지켜야 할 사회적인 약속이다.

(3) 공중도덕

① 사람으로서 사회의 모든 사람을 위하여 지켜야 할 도덕이다.

② 모두 다 아름답고 편리하게 생활할 수 있도록 공공장소에서 지켜야 할 질서와 규칙이다.

(4) 공공장소

① 여러 사람을 위하여 만들어진 시설이나 장소를 말한다.

② 공공장소에서 나만 편한 대로 사용하면 다른 사람들이 불편해하므로 질서를 지켜 이용해야 한다.

③ **공공장소** : 공연장, 광장, 학교, 역, 병원, 도서관, 극장, 길거리, 화장실, 목욕탕, 주민센터, 온천, 사우나, 수영장, 놀이동산 등이 있다.

(5) 공공장소에서 규칙을 지켜야 하는 이유

① 다른 사람에게 피해를 주면 안 된다.

② 밝고 명랑한 사회를 만들 수 있다.

③ 예절을 지키지 않아 생기는 다툼을 예방할 수 있다.

④ 규칙을 잘 지키면 여러 사람이 편리한 생활을 할 수 있다.

⑤ 사고나 위험을 미연에 방지하고 안전한 사회를 만들 수 있다.

(6) 공공장소에서의 기본 질서 생활

① 차례를 기다리는 데는 인내가 필요하다.

② 남이 잘못한다고 나도 따라서 흉내내는 것은 잘못된 생활 태도이다.

③ 함께 쓰는 물건은 빨리 쓰고, 다음 사람에게 불편을 주지 않도록 미소 지으며 건네준다.

④ 줄을 서서 기다릴 때, 늦는다고 앞사람을 밀치거나 떠밀면 안 된다.

⑤ 특별히 경기장에서 기본 질서를 지키고, 앉았던 자리를 깨끗이 치우는 습관을 갖는다.

(7) 공공장소에서 하지 말아야 할 행동의 예

① 공원의 긴 의자를 독차지하고 누워 있는 행동

② 공중 화장실을 더럽게 쓰는 행동

③ 수영장 물에 쓰레기를 버리는 행동

④ 고궁이나 유적지의 문화재에 올라가는 행동

⑤ 병실에서 텔레비전을 크게 틀어 놓는 행동

⑥ 지하철 안에서 큰 소리를 지르는 행동

⑦ 열차나 버스 속에서 떠드는 행동

(8) 공공장소에서 지켜야 할 예절과 질서

① 공원에서 지킬 일

㉠ 잔디밭에 들어가지 않는다.

㉡ 놀이터의 시설물(의자, 놀이 기구 등)을 소중히 다룬다.

㉢ 함부로 쓰레기를 버리지 않는다.

㉣ 공원 관리인의 안내와 지시를 잘 따른다.

② 에스컬레이터를 이용할 때 지킬 일

㉠ 에스컬레이터를 타고 장난을 치지 않는다.

㉡ 에스컬레이터를 탈 때에는 왼쪽은 비워 두고 오른쪽을 이용한다.

㉢ 에스컬레이터의 왼쪽은 언제나 바쁜 사람이 이용하도록 비워 둔다.

③ 공원이나 유원지에서 지킬 일

㉠ 조용히 쉬고, 서로 불편을 주지 않는다.

㉡ 긴 의자를 혼자 쓰거나 신을 신고 올라가 더럽히지 않는다.

㉢ 음식을 아무 데서나 먹지 않는다.

㉣ 쓰레기를 함부로 버리지 않는다.

더 알아두기

여러 사람이 모이는 곳에서 지킬 일

• 대중 교통 열차(지하철, 버스) 안에서
  - 제자리에 앉는다(돌아다니지 않기).   - 내릴 때는 뒷정리를 잘 한다.
  - 조용히 한다(큰 소리로 말하지 않기).

• 놀이터에서
  - 깨끗하게 사용한다.   - 부서뜨리거나 망가지지 않게 한다.
  - 차례를 지킨다(나 혼자만 사용하지 않기).

• 극장에서
  - 자리를 떠나지 않는다.   - 조용히 감상한다.
  - 앞자리 의자를 발로 차지 않는다.

ⓜ 아무 데나 허락 없이 들어가지 않는다.

ⓑ 이용한 뒷자리는 항상 깨끗이 한다.

ⓢ 공공 시설물은 내 것이라는 마음을 갖는다.

ⓞ 다른 사람이 이용하는 데 불편이 없도록 정리, 정돈을 잘 한다.

④ **공중 화장실에서 지킬 일**

ⓐ 문 앞에 서서, '똑똑' 가볍게 문을 노크한다.

ⓛ 바닥에 침을 뱉지 않는다.

ⓒ 반드시 화장실용 화장지를 사용하며, 필요한 만큼만 사용한다.

ⓡ 용변 후에는 반드시 물을 내린다.

ⓜ 문을 꼭 닫고 나온다.

ⓑ 손을 깨끗이 씻는다.

ⓢ 화장실에 있는 물건이 망가지거나 부서지지 않게 한다.

ⓞ 물은 될 수 있는 대로 아껴 쓰도록 한다.

(9) 가정과 학교에서 지켜야 하는 예절

① **가정**

ⓐ 등교하거나 하교할 때 부모님께 공손하게 인사한다.

ⓛ 형제나 자매끼리 싸우지 않고 사이좋게 지낸다.

ⓒ 웃어른께는 높임말을 사용하고 예의를 갖추어 행동한다.

공공장소에서 지켜야 할 일

- 공중 목욕탕 : 탕 안에서 수영하지 않고, 뛰어다니지 않는다.
- 식당 : 큰 소리로 떠들지 않고 음식을 빨리 달라며 재촉하지 않는다.
- 공중 화장실 : 한 줄로 서서 차례를 지킨다.
- 박물관 : 사진은 허용된 곳에서만 찍고, 전시품에 함부로 손대지 않는다.
- 경기장 : 관람 후에 주변 쓰레기를 줍는다.

② 학교

　　㉠ 학교 복도에서 뛰거나 장난치지 않는다.

　　㉡ 급식실에서는 줄을 서서 차례대로 먹는다.

　　㉢ 학교에서 사용하는 물건은 모두가 함께 사용하는 것으로 소중하게 다룬다.

　　㉣ 바른 자세로 앉아 공부한다.

　　㉤ 친구들에게 다정한 말씨를 쓴다.

　　㉥ 깨끗한 교실, 정돈된 환경은 모두를 즐겁게 한다.

더 알아두기

- **복도에서의 통행 질서**
  - 발뒤꿈치를 들고 사뿐사뿐 걷는다.
  - 한 줄로 차례대로 가도록 한다.
  - 두 줄, 세 줄로 가야 할 경우도 한 줄로 가듯이 차례대로 간다.
  - 말을 해야 할 경우에는 작은 소리로 말한다.
  - 뛰지 않도록 한다.
  - 장난을 치지 않는다.
  - 지나가면서 옆 교실을 기웃거리지 않는다.
  - 쓰레기를 버리거나 껌을 뱉지 않는다.

- **공공 시설물 사용에 대하여**
  - 종류 : 화장실, 공원, 목욕탕, 놀이터, 휴게실 등
  - 사용할 때 주의할 일(지킬 점)
    - ⓐ 깨끗이 사용한다.
    - ⓑ 망가뜨리지 않는다.
    - ⓒ 혼자서 오래 쓰지 않는다.
    - ⓓ 버려진 쓰레기는 먼저 본 사람이 치운다.
    - ⓔ 차례대로 질서 있게 사용한다.
    - ⓕ 지나친 장난은 치지 않도록 한다.
    - ⓖ 위험한 행동을 하지 않는다.
    - ⓗ 다른 사람에게 불편을 주지 않는다.
    - ⓘ 더 아름답게, 더 쓸모 있게 개선한다.

(10) 공공장소에서 예절이나 질서가 잘 지켜지지 않는 이유

① 행동으로 습관화되지 않았기 때문이다.

② 생각만 있지 실천하려는 의지가 부족하기 때문이다.

③ 남의 입장을 고려하지 않기 때문이다.

④ 자신의 행동으로 비롯된 결과를 생각하지 않기 때문이다.

(11) 규칙과 질서를 지키기 위한 자세

① 상식과 양심에 어긋나는 행동은 하지 않는다.

② 누가 시켜서 행동하기보다는 자율적으로 지킨다.

③ '나 하나쯤은 괜찮을 거야'라는 이기주의적인 생각을 버린다.

④ 장소 및 상황에 맞는 공공규칙을 알아보고 그에 맞게 행동한다.

01 공정한 생활의 실천

01 양심은 자기의 행위에 대하여 옳고 그름을 판단하고, 바른 말과 행동을 하려는 마음이다.

02 규칙은 다 함께 지키기로 정한 사항이나 법칙으로, 공동생활의 질서와 안전을 유지하기 위해 지켜야 할 사회적인 약속이다.

03 공중도덕은 모두 다 아름답고 편리하게 생활할 수 있도록 공공장소에서 지켜야 할 질서와 규칙이다.

04 공공장소란 여러 사람을 위하여 만들어진 시설이나 장소를 말한다.

05 공공장소에서 지켜야 할 예절과 질서
- 교통 예절 : 횡단보도 건너기, 신호등 지키기, 버스 승하차 시 질서 지키기, 지하철 이용 시 줄 서기, 에스컬레이터 안전하게 타기, 자전거 탈 때 보호장구 착용하기 등
- 식사 예절 : 어른이 먼저 수저 들기, 소리 내지 않고 먹기, 반찬 골고루 먹기, 편식하지 않기, 흘린 음식 줍기, 입에 음식물 넣은 채 말하지 않기 등
- 공공장소 예절
  - 공원 : 잔디밭에 들어가지 않고, 시설물(의자, 놀이 기구 등)을 소중히 다루기
  - 공중 화장실 : 한 줄로 서서 차례 지키기 등
  - 박물관 : 사진은 허용된 곳에서만 찍고, 전시품에 함부로 손대지 않기 등
- 학교 예절 : 선생님과 친구들과의 인사 예절 잘 지키기, 교실에 드나들 때 질서를 지키고 정숙하기 등

01 공공장소에서 질서와 예절을 지켜야 하는 까닭이 <u>아닌</u> 것은?

① 밝고 명랑한 사회를 만들기 위해서

② 나만 편하기 위해서

③ 안전사고를 예방하기 위해서

④ 모든 사람이 편리한 생활을 하기 위해서

02 다음 중 공중도덕을 잘 지킨 사람은?

기출 ① 쓰레기를 길에 버리는 사람

② 줄을 서지 않고 끼어드는 사람

③ 공중화장실을 깨끗이 사용하는 사람

④ 도서관 책을 아무데나 두고 가는 사람

03 공공질서를 지키지 않는 사람이 고쳐야 할 점이 <u>아닌</u> 것은?

① 다른 사람을 생각하는 마음

② 나의 안전을 먼저 생각하는 마음

③ 나만 생각하는 이기적인 마음

④ 내가 가장 급한 사람이라는 생각

04 여러 사람이 함께 살면서 다른 사람에게 피해를 주지 않고 서로 명랑하게 지내기 위해서 우리가 지켜야 할 규범은?

① 생활계획   ② 자연 보호

③ 정의로운 행동   ④ 공중도덕

공중도덕은 여러 사람의 이익을 먼저 생각하여 행동하는 것으로 공공장소에서 지켜야 할 질서와 규칙이다.

05 공공장소에서 예절과 질서를 잘 지켜야 하는 이유는?

① 밝고 명랑한 사회를 만들기 위해서

② 모두가 제멋대로 자유롭게 살기 위해서

③ 돈을 많이 벌기 위해서

④ 자신만 편하기 위해서

공공장소에서 규칙을 지키면 밝고 명랑한 사회를 만들 수 있다.

06 다음 중 공중도덕을 지키지 않아도 좋은 곳은?

① 개인 공부방   ② 극장

③ 도서관   ④ 병원

공공장소 : 여러 사람을 위하여 만들어진 시설이나 장소(도서관, 수돗가, 공중화장실, 학교 식당, 운동 경기장 등)

A N S W E R
04. ④   **05.** ①   **06.** ①

02 우리 모두를 위한 길

(1) 공익

① 사회구성원 전체에게 영향을 미치는 이익을 일컫는다.

② 자신보다 타인을 위한 배려, 공동체 의식 등을 생각해 행동하는 것이다.

(2) 공익이 중요한 이유

① 우리는 혼자 살지 않고 함께 모여서 살기 때문에 자신의 이익뿐만 아니라 공공의 이익도 중요하다.

② 공익을 추구할 때 모두가 행복하게 살아갈 수 있다.

(3) 공익과 사익

① 공익 : 많은 사람의 이익을 먼저 생각하는 경우

② 사익 : 개인의 이익을 먼저 생각하는 경우

③ 공익만 지나치게 강조할 경우 : 개인의 이익이 무시된다.

④ 사익을 지나치게 강조할 경우 : 여러 사람에게 돌아갈 이익이 적어지거나 단체의 힘을 작게 만든다.

더 알아두기

나와 우리의 의미를 공공의 이익과 관련지어 생각해 보자.

- '나'와 '너'가 모여서 '우리'가 된다.
- 내가 너를 위해 이익이 되는 행동을 한다.
- 네가 나를 위해 이익이 되는 행동을 한다.
- 우리는 서로를 위해 이익이 되는 행동을 한다.
- 우리 국민은 모두가 서로에게 도움이 되는 행동을 한다.
- 나와 우리는 공공의 이익과 관련이 있는 행동을 한 주인이 된 것이다.
- 공공의 이익을 위해 행동하는 나와 우리가 많아질수록 세상은 살기 좋게 된다.

⑤ 공익과 사익의 조화 : 공익 때문에 사익이 손해를 보지 않고, 사익 때문에 공익이 무너지지 않게 양보하고 조화를 이루려는 태도가 필요하다.

※ 퀴리 부부

퀴리 부부는 라듐의 제조방법을 아무런 대가 없이 사람들을 위해 발표했고, 고귀한 희생을 통해 위대한 성과를 얻고도 공익을 위해 과학자로서의 신념을 지켰다.

(4) 공익 광고 중요+

① 기업이나 단체가 공공의 이익을 목적으로 하는 광고이다.

② 상품을 소개하거나 돈을 벌기 위한 개인적인 이익이 아니라 나라와 국민 전체의 이익을 위하여 만든 광고이다.

(5) 공익 광고를 하는 이유

① 사람들의 관심을 이끌고 사회 분위기를 환기시킨다.

② 잘못된 행동을 경계하는 마음을 전달한다.

③ 공익 광고를 보고 적극적인 실천을 하도록 한다.

(6) 자신을 위한 일이 다른 사람에게 피해를 주는 경우

① 버스 안에서 휴대 전화를 거는 사람

② 극장 안에서 옆 사람과 말하는 사람

③ 전동차 안에서 다리를 꼬고 앉은 사람

(7) 자신을 위한 일이 다른 사람에게도 도움이 되는 경우

① 공중 화장실에서 휴지를 아껴 쓰고 깨끗이 사용한다.

② 신호등이 고장 났으면 가까운 경찰서에 신고한다.

③ 바닷가에서 깨진 병을 보는 대로 치운다.

④ 공원 화장실의 세면대 수도꼭지에서 물이 계속 나올 때는 관리실에 알려서 고치게 한다.

⑤ 전동차 안에서 노약자 보호석이 비어 있을 때 앉지 않고 서 있는다.

⑥ 놀이터 의자 위에 흩어져 있는 모래를 깨끗이 치운다.

⑦ 주차를 할 때에는 다른 차의 통행을 방해하지 않도록 한다.

바르토 확인 ▶▶

다음의 설명은 어떤 생활을 위한 다짐인가?

• 우리 반에서 친구들을 위하는 일을 하겠다.
• 우리 동네를 위하는 일을 하겠다.
• 나에게 이익되는 일이 혹시 다른 사람들에게 손해를 끼치지 않을지 생각해 보겠다.

① 부지런한 생활
② 공경하는 생활
❸ 공공의 이익을 위하는 생활
④ 예절바른 생활

(8) 공익을 위하는 생활

① 폐품 재활용 : 폐품을 수거하여 재활용하면 주변 정리 정돈이 됨과 동시에 자원 절약도 된다.

② 사회 복지 시설에 수용된 사람을 돕는 일

　㉠ 고아원, 양로원 등을 찾아가 돌보아 주는 일

　㉡ 옷, 책, 음식물을 모아서 보내는 일

더 알아두기

공익이 되는 일 중요+

• 가장 중요한 기본 정신은 내가 스스로 모두를 위해 잘 하겠다는 마음가짐과 행동으로서의 실천이다.
• 가정에서 : 가족을 위해 할 일을 찾아 실천한다.
• 마을에서 : 마을을 깨끗이 하는 일에 적극 참여한다.
• 학교에서 : 학교 물건을 아끼고 불우한 친구를 돕기 위한 일을 찾아 실천한다.
• 고장을 위해 : 고장의 발전과 번영을 위한 일이 무엇인가를 생각하고 찾아서 실천한다.
• 나라를 위해 : 작은 일에서부터 나라 사랑의 마음가짐과 행동으로 실천한다.

02 우리 모두를 위한 길

01 공익은 사회구성원 전체에게 영향을 미치는 이익이다.

02 공익만 지나치게 강조할 경우는 개인의 이익이 무시되고, 사익을 지나치게 강조할 경우는 여러 사람에게 돌아갈 이익이 적어지거나 단체의 힘을 작게 만든다.

03 공익 광고는 기업이나 단체가 공공의 이익을 목적으로 하는 광고로, 개인적인 이익이 아니라 나라와 국민 전체의 이익을 위하여 만든 광고이다.

04 공익 광고를 하는 이유
- 사람들의 관심을 이끌고 사회 분위기를 환기시킨다.
- 잘못된 행동을 경계하는 마음을 전달한다.
- 공익 광고를 보고 적극적인 실천을 하도록 한다.

05 공익이 되는 일
- 가정에서 : 가족을 위해 할 일을 찾아 실천한다.
- 마을에서 : 마을을 깨끗이 하는 일에 적극 참여한다.
- 학교에서 : 학교 물건을 아끼고 불우한 친구를 돕기 위한 일을 찾아 실천한다.
- 고장을 위해 : 고장의 발전과 번영을 위한 일이 무엇인가를 생각하고 찾아서 실천한다.
- 나라를 위해 : 작은 일에서부터 나라 사랑의 마음가짐과 행동으로 실천한다.

01 자신이 한 일이 다른 사람에게 해를 주는 경우는?

① 공중화장실에서 휴지를 아껴 쓴다.

② 등산로의 쓰레기를 정리한다.

③ 버스 안에서 휴대 전화를 건다.

④ 내 집 앞을 깨끗이 비질한다.

01
자신을 위한 일이 다른 사람에게 피해를 주는 경우
• 버스 안에서 휴대 전화를 거는 사람
• 극장 안에서 옆 사람과 말하는 사람
• 전동차 안에서 다리를 꼬고 앉은 사람

02 다음은 영수의 다짐이다. 영수가 실천하고자 하는 생활은? **기출**

> • 나에게 이익되는 일이 혹시 다른 사람들에게 손해를 끼치지 않을지 생각해 보겠습니다.
> • 우리 학교에 도움이 되는 일을 생각하겠습니다.
> • 우리 마을을 위하는 일을 생각하고 실천하겠습니다.

① 정직한 생활

② 절제하는 생활

③ 민주적 절차 준수

④ 공익을 추구하는 생활

02
공익은 많은 사람의 이익을 먼저 생각하는 것으로 가장 중요한 기본정신은 내가 스스로 모두를 위해 잘하겠다는 마음가짐과 행동으로서의 실천이다.

03 다음 중 가장 올바르게 사는 사람은 누구인가?

① 자기 멋대로 살아가는 사람

② 남에게 해를 주지 않으며 사는 사람

③ 개인과 가족의 이익을 위해서 사는 사람

④ 개인의 이익을 추구하기 전에 공동의 이익을 생각하는 사람

03
공익의 가장 중요한 기본 정신은 내가 스스로 모두를 위해 잘 하겠다는 마음가짐과 행동으로서의 실천이다.

ANSWER
01. ③ 02. ④ 03. ④

04 공익을 위해 우리들이 할 수 있는 일은?

① 환자 치료하기

② 공중도덕을 잘 지키기

③ 개인의 권리 주장하기

④ 교통 정리하기

05 여러 사람이 쓰는 물건은 어떻게 써야 하는가?

① 여럿이 한꺼번에 이용한다.

② 본래의 용도 외의 용도로 사용한다.

③ 내 물건처럼 소중히 아껴 쓴다.

④ 내 것이 아니므로 함부로 다룬다.

03 도덕적인 삶과 행동

(1) 도덕의 의미 : 사람으로서 마땅히 지켜야 할 바람직한 행동규칙과 실천해야 할 바른 길이다.

(2) 도덕과 관련 있는 덕목

① **정직** : 사람이나 사람의 성품, 마음 따위가 거짓이 없고, 바르고 곧은 것

② **자주** : 남의 도움이나 간섭을 받지 않고 스스로 자기 일을 처리하는 것

③ **성실** : 어떤 일에 목적을 정해두고 정성과 최선을 다하는 것

④ **근면** : 부지런히 힘쓰며 꾸준히 맡은 일을 하는 것

⑤ **절제** : 정도를 넘지 않도록 알맞게 조절하거나 제어하는 것

⑥ **효도** : 부모님을 공경하고 잘 섬기는 것

⑦ **실천** : 생각한 것을 실제로 행동하는 것

⑧ **협동** : 서로 마음과 힘을 합치는 것

⑨ **경애** : 공경하고 사랑하는 것

(3) 도덕 공부의 의미

① 삶과 관련된 모든 것들을 배우고 익히는 과정이다.

② 올바른 인격을 형성하고 도덕적으로 살아가기 위한 공부이다.

(4) 도덕 공부의 목적

① 사람으로서의 올바른 도리와 가치의 습득 및 바른 인격을 갖출 수 있다.

② 도덕 공부를 하면서 바람직한 가치를 찾고 삶의 목적으로 삼아 바람직한 삶을 살아갈 수 있다.

③ 도덕 공부를 바탕으로 삶의 의미를 찾을 수 있다.

④ 도덕의 실천을 통해 행복을 실현할 수 있기 때문이다.

⑤ 도덕을 지키지 않으면 질서가 엉망이 되기 때문이다.

⑥ 도덕적으로 바르게 행동하고 바른 마음을 지니는 것은 저절로 생기지 않고, 노력을 통해 기를 수 있다.

(5) 도덕 공부의 방법

① **도덕적 지식 습득 및 탐구** : 도덕성 형성을 위해 필요한 개념, 가치, 덕목, 도덕 원리 등을 배우고 이를 바탕으로 다양한 도덕적 문제를 탐구하는 것이다.

② **도덕적 실천** : 일상의 작은 일로부터 시작할 수 있는데, 일상에서 자신이 해야 할 도덕적인 행동을 선택하여 실행한다.

③ **도덕적 성찰**

㉠ 도덕적 기준을 자기 생활에 비추어 반성하며, 자신의 삶을 객관적인 입장에서 바라보고 바람직한 삶을 살기 위해서 구체적인 방법을 찾는 것이다.

㉡ 도덕적 성찰을 하면서 자신의 삶을 반성하고 계획하기 위해서는 도덕적 기준이 있어야 한다.

(6) 도덕 공부의 내용 중요⁺

도덕 공부	내용	예시 상황 : 엄마가 동생을 유치원에서 데리고 오라고 시켰을 때
아는 힘	가르침을 받고 스스로 깨우치는 것	동생을 데리고 오는 것은 바른 행동이다.
생각하는 힘	바르게 판단하고 결정할 수 있는 것	내가 만약 동생을 데리러 간다고 하고 PC방을 간다면 엄마가 실망하실 것이다.
마음의 힘	모범이 되는 행동을 본받고, 자신을 돌아보는 것	동생을 데리러 가야겠다고 마음먹는다.
행동의 힘	직접 실천하는 것	동생을 데리고 집으로 돌아온다.

(7) 도덕 공부를 하는 바람직한 자세

① 도덕 공부는 하루아침에 되는 것이 아니므로 평소에 꾸준한 배움의 자세로 도덕적 지식을 쌓아야 한다.

② 도덕 공부는 배워서 알고 있는 것을 행동으로 실천했을 때 완성된다.

③ 도덕 공부를 통해 타인의 삶에 관심을 가지고 사회에 도움이 되려는 자세를 갖추어야 한다.

(8) 도덕의 필요성

① 도덕이 제시하는 규범과 가치, 삶의 이상을 추구함으로써 의미 있고, 인간다운 삶을 살 수 있다.

② 도덕적으로 살아감으로써, 질서를 유지하고 조화롭게 더불어 살아갈 수 있다.

(9) 일상에서 실천할 수 있는 도덕적인 행동

① 길을 건널 때 무단횡단하지 않고, 신호등을 잘 보고 건넌다.

② 선생님과 친구들에게 인사를 잘한다.

③ 도움이 필요한 친구를 돕는다.

④ 쓰레기는 쓰레기통에 버린다.

⑤ 버스에서 노약자석이나 임산부석에 앉지 않고, 노약자에게 자리를 양보한다.

⑥ 학교의 규칙을 잘 지킨다.

⑦ 해야 할 일을 미루지 않고 부지런하게 한다.

⑧ 친구와 싸우지 말고 사이좋게 지낸다.

(10) 일상에서 나타나는 비도덕적인 행동

① 수업시간에 떠들고 장난치는 행동

② 신호를 지키지 않고 무단횡단하는 행동

③ 약속을 지키지 않는 행동

④ 자신이 해야 할 일을 남에게 미루는 행동

⑤ 숙제를 자기가 하지 않고 친구가 한 숙제를 베끼는 행동

(11) 도덕적인 삶을 살아야 하는 이유

① 자신의 이익을 위해서 비도덕적인 행동을 한다면 자신뿐만 아니라 사회 전체에 큰 손해가 생긴다.

② 도덕적으로 살아갈 때 자신의 이익을 포함한 사회 전체의 이익이 증가한다.

③ 사람에게는 옳은 일을 실천하도록 하는 양심이 존재한다.

④ 양심의 명령에 따라 옳은 일을 하는 것은 인간의 의무이다.

⑤ 인간으로서 마땅히 지켜야 하는 도덕적 의무에 따를 때 사람답게 살 수 있다.

⑥ 도덕적 실천을 통해 떳떳함이나 뿌듯함과 같은 즐거움을 느낄 수 있다.

⑦ 함께 잘 살아가는 방법을 고민하고 도덕적으로 행동할 때 진정한 행복을 얻을 수 있다.

03 도덕적인 삶과 행동

01 도덕은 사람으로서 마땅히 지켜야 할 바람직한 행동규칙과 실천해야 할 바른 길이다.

02 도덕과 관련 있는 덕목
- 정직 : 사람이나 사람의 성품, 마음 따위가 거짓이 없고, 바르고 곧은 것
- 자주 : 남의 도움이나 간섭을 받지 않고 스스로 자기 일을 처리하는 것
- 성실 : 어떤 일에 목적을 정해두고 정성과 최선을 다하는 것
- 근면 : 부지런히 힘쓰며 꾸준히 맡은 일을 하는 것
- 절제 : 정도를 넘지 않도록 알맞게 조절하거나 제어하는 것
- 효도 : 부모님을 공경하고 잘 섬기는 것
- 실천 : 생각한 것을 실제로 행동하는 것
- 협동 : 서로 마음과 힘을 합치는 것
- 경애 : 공경하고 사랑하는 것

03 도덕적 성찰을 하면서 자신의 삶을 반성하고 계획하기 위해서는 도덕적 기준이 있어야 한다.

04 도덕 공부는 배워서 알고 있는 것을 행동으로 실천했을 때 완성된다.

05 사람에게는 옳은 일을 실천하도록 하는 양심이 존재한다.

06 인간으로서 마땅히 지켜야 하는 도덕적 의무에 따를 때 사람답게 살 수 있다.

07 함께 잘 살아가는 방법을 고민하고 도덕적으로 행동할 때 진정한 행복을 얻을 수 있다.

01 다음 내용에 해당하는 덕목은?

> • 스스로 자기 일을 처리하는 것
> • 자기 일과 선택에 책임을 지는 것

① 근면   ② 성실
③ 자주   ④ 정직

01
③ '자주'는 남의 도움이나 간섭을 받지 않고 스스로 자기 일을 처리하는 것이다.

02 다음에서 설명하는 것은?

기출

> • 자신의 삶을 반성하며 깊이 살피는 것
> • 일기를 쓰면서 오늘 하루를 돌아보는 것
> • 속담이나 격언에 비추어 생활을 돌아보는 것

① 의무   ② 희생
③ 재능 나눔   ④ 도덕적 성찰

02
도덕적 성찰이란 자신을 반성하는 것뿐만 아니라, 올바른 삶을 사는 구체적인 방법을 찾는 것이다.

03 도덕 공부를 하는 바람직한 자세가 <u>아닌</u> 것은?

① 도덕 공부를 통해 타인의 삶보다 나에 대한 관심을 가져야 한다.
② 도덕 공부는 하루아침에 되는 것이 아니므로 평소에 꾸준한 배움의 자세로 도덕적 지식을 쌓아야 한다.
③ 도덕 공부를 통해 사회에 도움이 되려는 자세를 갖추어야 한다.
④ 도덕 공부는 배워서 알고 있는 것을 행동으로 실천했을 때 완성된다.

03
① 도덕 공부를 통해 타인의 삶에 관심을 가지고 사회에 도움이 되려는 자세를 갖추어야 한다.

A N S W E R
01. ③   **02.** ④   **03.** ①

04 도덕을 공부할 때 배우는 내용이 <u>아닌</u> 것은?

기출
① 마음의 힘 기르기
② 내가 하고 싶은 것만 실천하기
③ 깊이 생각하고 바르게 판단하기
④ 바른 행동 규칙이나 사람의 도리를 깨치기

04
도덕 공부의 내용은 바른 삶을 살기 위한 행동 규칙이나 사람의 도리를 알기, 바르게 마음 쓰기, 깊이 생각하고 바르게 판단하기, 바르게 행동하기가 있다.

05 다음 중 도덕적인 삶을 살아야 하는 이유로 옳지 <u>않은</u> 것은?

① 인간으로서 마땅히 지켜야 하는 도덕적 의무에 따를 때 사람답게 살 수 있기 때문이다.
② 사람에게는 옳은 일을 실천하도록 하는 양심이 없기 때문이다.
③ 자신의 이익을 위해서 비도덕적인 행동을 한다면 자신뿐만 아니라 사회 전체에 큰 손해가 생기기 때문이다.
④ 함께 잘 살아가는 방법을 고민하고 도덕적으로 행동할 때 진정한 행복을 얻을 수 있기 때문이다.

05
② 사람에게는 옳은 일을 실천하도록 하는 양심이 존재한다.

A N S W E R

04. ② **05.** ②

06 **기출** 다음 상황에서 학생이 할아버지를 배려하는 행동으로 알맞은 것은?

① 눈을 감고 자는 척한다.
② 친구와 계속 이야기한다.
③ 할아버지께 자리를 양보한다.
④ 휴대폰을 보며 못 본 척한다.

07 다음 중 도덕 공부의 목적으로 옳지 <u>않은</u> 것은?

① 도덕 공부를 바탕으로 삶의 의미를 찾을 수 있기 때문이다.
② 도덕을 지키지 않으면 질서가 엉망이 되기 때문이다.
③ 도덕의 실천을 통해 행복을 실현할 수 있기 때문이다.
④ 도덕은 높은 점수를 받을 수 있는 과목이기 때문이다.

08 일상에서 실천할 수 있는 도덕적인 행동이 <u>아닌</u> 것은?

① 도움이 필요한 친구에게 스스로 알아서 하라고 말한다.
② 선생님과 친구들에게 인사를 잘한다.
③ 버스에서 노약자석이나 임산부석에 앉지 않는다.
④ 길을 건널 때 무단횡단하지 않는다.

06
대중교통에서 다소 불편하거나 귀찮더라도 할아버지께 자리를 양보하는 것은 노약자에 대한 배려이다.

07
도덕적으로 바르게 행동하고 바른 마음을 지니는 것은 저절로 생기지 않고, 도덕 공부를 통해 기를 수 있다.

08
① 내가 할 수 있는 만큼 도움이 필요한 친구를 돕는다.

ANSWER
06. ③ 07. ④ 08. ①

04 공정한 생활

(1) 공정의 의미

① 공정 : 모든 사람과 똑같이 일하거나 똑같이 혜택을 받는다.

> **용어설명** 공정의 의미
> - 공평하고 옳은 것
> - 올바르고 정의로운 것
> - 각자에게 그의 몫을 주는 것
> - 모두에게 동등하게 기회를 주는 것
> - 자신이 노력한 만큼의 대가를 받는 것

② 가정에서의 공정한 생활

　　㉠ 무거운 물건은 아버지께서 나르신다.

　　㉡ 청소 같은 가벼운 일은 자녀들이 한다.

　　㉢ 식사 준비는 어머니께서 하신다.

③ 가정생활을 통해서 알게 된 공정의 의미

　　㉠ 각 사람의 능력과 여건을 생각해서 약한 사람에게도 골고루 기회를 주는 것이다.

　　㉡ 시력이 나쁘거나, 키가 작은 아이가 앞자리에 앉는 것도 공정의 예이다.

④ 학교에서의 공정한 생활

　　㉠ 자기보다 못한 친구를 차별하거나 무시하지 않는다.

　　㉡ 자신의 편안함을 위해서 다른 친구를 괴롭히지 않는다.

　　㉢ 옳지 않은 행동을 한 친구에게 바른 말을 한다.

　　㉣ 친하다고 무조건 편들지 않는다.

　　㉤ 누구나 똑같은 기회를 가지도록 노력한다.

(2) 공정한 생활

① 어떤 일을 할 때에 일부 사람이 특별히 억울한 일을 당하거나 부당하게 이익을 얻지 않도록 올바르게 판단하고, 이를 실천에 옮기는 생활이다.

② 함께 사는 명랑한 사회를 이룩하기 위해서는 공정한 생활이 반드시 필요하다.

> **바로바로 확인 ▶▶**
>
> **공정한 생활로 가장 적절한 것은?**
> ① 급식 받을 때 순서를 무시하고 끼어든다.
> ② 힘이 세다는 이유로 화장실을 먼저 사용한다.
> ❸ 내가 하기 싫은 일을 다른 사람에게 시키지 않는다.
> ④ 학급 회의시간에 친한 친구에게만 발표 기회를 계속 준다.

(3) 공정한 생활이 중요한 까닭

① 사람은 누구든지 존중받아야 한다.

② 사람은 누구든지 능력에 따라 평등한 대우를 받을 권리가 있다.

③ 사람은 누구든지 억울한 일을 당해서는 안 된다.

④ 사람은 누구든지 부당한 이익을 얻지 않아야 한다.

⑤ 사람은 누구든지 명랑한 생활을 할 권리가 있다.

⑥ 그러므로 누구에게나 공정한 생활의 기회가 주어지도록 해야 하는 것이다.

> **대한민국 헌법 제11조 제1항**
> 모든 국민은 법 앞에 평등하다. 누구든지 성별·종교 또는 사회적 신분에 의하여 정치적·경제적·사회적·문화적 생활의 모든 영역에 있어서 차별을 받지 아니한다.

 **더 알아두기**

공정을 실현하기 위해 노력한 분들

• 조선 시대 세조 때 영의정을 지낸 구치관 : 청렴결백하고 강직하며 공평무사한 인물로 조정과 변경을 오고 가며 국가의 안위와 민생 문제를 해결한 청백리 재상이다.

• 솔로몬 : 이스라엘 왕국 제3대 왕으로 알려진 인물로 지혜의 왕이라고 불리며 어떤 사건이나 일을 공정하게 처리했다고 알려져 있다.

(4) 우리 생활 주변에서 불공정한 사례

① 나쁜 일을 하고도 칭찬 받는 자리에 앉아 칭찬을 함께 받는 일

② 능력을 무시하고 똑같은 월급을 주는 회사

③ 실력이 없는 운동 선수가 상대의 실수로 승리하는 경우

④ 잘못한 사람이 상대편을 위협하여 잘못을 뒤집어씌우는 일

공정 무역

선진국의 양심 있는 사람들 사이에서 나온 운동. 선진국 사람들이 누리는 풍요로운 생활 뒤에는 개발 도상국 사람들의 가난과 고통을 기반으로 하고 있다는 점을 반성하고, 그것을 고치려고 실시한 운동이다.

 알아두기

- **공정한 판단의 예**
  - 학급 어린이회에서
    ⓐ 찬성과 반대 의견을 분명하게 한다.
    ⓑ 친한 사이와 찬성, 반대는 구분한다.
    ⓒ 자기 주장만 내세우는 행동을 하지 않는다.
    ⓓ 모두를 위해 유익한 의견에 찬성한다.
  - 운동 경기에서
    ⓐ 정해진 규칙을 꼭 지킨다.
    ⓑ 공정하지 않은 승리는 승리가 아니다.
    ⓒ 승리한 사람(팀)은 패배한 사람(팀)을 위로하고 패배한 사람(팀)은 승리한 사람(팀)에게 축하를 보낸다.
    ※ 공정한 판단을 방해하는 요소 : 이기심, 편견, 불의, 타인 경시, 어리석음 등

- **불공정과 관련된 사자성어**
  약육강식(弱肉强食) : 약한 자는 강(强)한 자에게 먹힘이란 뜻으로, 강한 자가 약한 자를 희생시켜 번영하거나, 약한 자가 강한 자에게 끝내는 멸망됨을 이르는 말이다.

04 공정한 생활

01 공정은 모든 사람과 똑같이 일하거나 똑같이 혜택을 받는 것을 말한다.

02 공정한 생활이란 어떤 일을 할 때에 일부 사람이 특별히 억울한 일을 당하거나 부당하게 이익을 얻지 않도록 올바르게 판단하고, 이를 실천에 옮기는 생활이다.

03 공정한 생활이 중요한 까닭
- 사람은 누구든지 존중받아야 한다.
- 사람은 누구든지 능력에 따라 평등한 대우를 받을 권리가 있다.
- 사람은 누구든지 억울한 일을 당해서는 안 된다.
- 사람은 누구든지 부당한 이익을 얻지 않아야 한다.
- 사람은 누구든지 명랑한 생활을 할 권리가 있다.

04 공정 무역은 선진국 사람들이 누리는 풍요로운 생활 뒤에는 개발도상국 사람들의 가난과 고통을 기반으로 하고 있다는 점을 반성하고, 그것을 고치려고 실시한 운동이다.

01 다음 중 공정한 생활 태도로 가장 바람직한 것은?

① 무조건 한쪽 편만 든다.

② 내 입장에서만 생각한다.

③ 각자의 몫을 정당하게 나누어 준다.

④ 다른 사람의 권리와 이익을 무시한다.

01

공정의 의미

• 공평하고 옳은 것

• 올바르고 정의로운 것

• 각자에게 그의 몫을 주는 것

• 모두에게 동등하게 기회를 주는 것

• 자신이 노력한 만큼의 대가를 받는 것

02 다음의 설명에 해당되는 규범은?

> 우리가 무슨 일을 할 때, 어떤 사람이 특별히 억울한 일을 당하거나 부당하게 이익을 얻지 않도록 올바르게 판단하고, 이를 실천하는 것을 말한다.

① 공정　　　　　② 질서

③ 친절　　　　　④ 봉사

02

공정한 생활 : 어떤 일을 할 때에 일부 사람이 특별히 억울한 일을 당하거나 부당하게 이익을 얻지 않도록 올바르게 판단하고, 이를 실천에 옮기는 생활을 말한다.

03 일상 생활에서 우리가 공정하게 행동해야 하는 까닭이 아닌 것은?

① 양보하는 마음을 기르기 위해서이다.

② 약한 사람을 배려하기 위해서이다.

③ 내가 더욱 대접받기 위해서이다.

④ 정의로운 사회를 만들기 위해서이다.

03

공정한 생활이 중요한 까닭으로 사람은 누구든지 존중받아야 하며, 능력에 따라 평등한 대우를 받을 권리가 있다.

ANSWER

01. ③　02. ①　03. ③

04 다음 글에서 '세종대왕'이 실천한 덕목은?

기출

> 나라 살림을 운영하는 데에는 세금이 필요합니다. 세종대왕은 백성들이 처한 상황을 고려해 세금을 거두는 법을 만들었습니다. 농사가 잘되는 기름진 땅에는 높은 등급을 매겨 쌀을 많이 걷고, 산이 많고 추워서 농사가 잘되지 않는 땅에는 낮은 등급을 매겨 쌀을 조금만 걷었습니다.

① 우정　　　　　② 효도
③ 공정함　　　　④ 자연애

04
공정은 모든 사람과 똑같이 일하거나 똑같이 혜택을 받는 것으로 세종대왕은 풍작이나 흉작, 토지의 비옥도에 따라 등급을 나누어 세금을 공정하게 거두는 기준을 마련하였다.

05 공정한 사회가 되면 좋은 점은?

① 곳곳에서 싸움이 발생한다.
② 불행한 사람이 많아진다.
③ 서로 믿고 행복하게 살 수 있다.
④ 무질서한 사회가 된다.

05
함께 사는 명랑한 사회를 이룩하기 위해서는 공정한 행동과 생활이 필수적이다.

06 다음 중 공정하지 <u>못한</u> 행동은?

① 억울한 일을 당한 사람을 도와주겠다.
② 자기보다 못한 친구는 차별하겠다.
③ 용기를 가지고 불의에 맞서겠다.
④ 몸이 불편한 사람을 도와주겠다.

06
친구의 인격을 존중하는 태도는 모든 사람을 공정하게 대하는 기본자세이다.

ANSWER
04. ③　**05.** ③　**06.** ②

07 다음 중 공정한 행동을 한 사람은?

기출

① 영미 – 사람들의 이야기를 경청한다.

② 현빈 – 자기 마음대로 규칙을 바꾼다.

③ 은주 – 나와 가족의 이익을 먼저 챙긴다.

④ 경수 – 나와 친한 사람은 무조건 편든다.

07

② 정한 규칙을 마음대로 바꾸면 안 된다.

③ 나와 가족의 이익도 중요하지만 공동체적인 이익을 먼저 생각해야 한다.

④ 나와 친하다고 무조건 편드는 것은 공정한 행동이 아니다.

08 ㉠에 들어갈 알맞은 말은?

나의 (㉠) 지수 알아보기			
항목	잘함	보통	못함
	5점	3점	1점
친구들을 차별하지 않는다.			
규칙을 마음대로 변경하지 않는다.			
어떤 일을 하기 전에 정당한 일인지 생각한다.			

① 공정

② 환경

③ 불쾌

④ 건강

08

공정이란 어떤 일을 할 때에 일부 사람이 특별히 억울한 일을 당하거나 부당하게 이익을 얻지 않도록 올바르게 판단하는 것이다.

09 다음 내용과 가장 관련 있는 것은?

기출

> **대한민국 헌법 제11조 제1항**
> 모든 국민은 법 앞에 평등하다. 누구든지 성별·종교 또는 사회적 신분에 의하여 정치적·경제적·사회적·문화적 생활의 모든 영역에 있어서 차별을 받지 아니한다.

① 공정

② 성실

③ 정직

④ 효도

09

공정이란 공평하고 올바르다는 뜻으로, 모든 국민은 법 안에서 평등하다고 말하고 있으므로 공정의 자세와 가장 관련이 있다.

ANSWER

07. ① **08.** ① **09.** ①

05 인권을 존중하며 함께 사는 우리

(1) 인권의 의미 중요⁺

① 성별, 국적, 피부색, 언어, 신분, 종교 등에 상관없이 존중 받으며 사람으로서 마땅히 누려야 할 기본적 권리이다.

> **용어설명** 권리
> 어떤 일을 행하거나 다른 사람에 대하여 당연히 요구할 수 있는 힘

② 특성

㉠ 태어나면서부터 가지는 권리이다.

㉡ 타인이 함부로 빼앗을 수 없고 남에게 넘겨 줄 수 없으며, 자연적으로 주어진다.

㉢ 어떤 이유로도 인간답게 살 권리를 침해당해서는 안 된다.

(2) 인권이 소중한 이유

① 인간이 존엄하다는 생각은 근대 이후 인권 사상으로 발전하였는데, 인권은 인간이 지니는 기본적인 권리이자 인간 존엄성을 보장하기 위한 권리이다.

② 인권을 보장받을 때 우리는 자신의 능력을 발휘할 수 있고, 행복하게 살 수 있다.

③ 다른 사람들과 더불어 서로 존중하며 살아갈 수 있어야 하는데, 이는 인권이 존중될 때 이루어질 수 있다.

④ 정당한 절차와 공정한 분배, 기회의 균등이 이루어지는 사회는 인권 존중을 기본으로 한다.

(3) 생활 속에서 인권이 존중되는 모습

① 키 작은 어린이를 위해 낮은 세면대를 설치한다.

② 버스 안 교통 약자를 위한 배려석을 만든다.

③ 노약자나 몸이 불편한 사람을 위해 공공장소에 승강기를 설치한다.

④ 장애인을 위해 장애인 전용 주차구역을 따로 만든다.

(4) 학교에서 인권을 지키면 좋은 점

① 상대방의 마음을 잘 이해할 수 있다.

② 성적이나 외모 때문에 차별하는 일이 없다.

③ 서로 사이좋고 화목하게 지낼 수 있다.

④ 서로의 다름을 인정하며 배려하는 마음을 실천할 수 있다.

(5) 학교에서 인권이 존중되지 않는 이유

① 서로의 인권만 주장하기 때문에

② 인권의 중요성과 실천방법에 대해 모르기 때문에

③ 친한 사이면 아무렇게나 대해도 괜찮다는 생각 때문에

④ 서로의 차이를 '틀림'이 아니라 '다름'으로 인정하지 않기 때문에

(6) 인권 침해 사례

① 학교에서 일어나는 인권 침해 사례

　㉠ 친구들이 별명을 불러 힘든 경우

　㉡ 누리 소통망 서비스상에서 언어폭력을 받는 경우

　㉢ 외모로 놀림 받는 경우

　㉣ 보건실 시설이 부족한 경우

② 학교 밖 인권 보장이 필요한 사례

　㉠ 다문화 가정의 아이가 친구들에게 외모로 차별받는 경우

　㉡ 시각장애가 있는 사람이 점자 블록이 설치되지 않아 가고 싶은 곳에 갈 수 없는 경우

바.로 확인 ▶▶

다음 중 ㉠에 들어갈 말로 알맞은 것은?

모든 사람은 태어나면서부터 인간답게 살 권리가 있으며, 어떤 이유로도 인간답게 살 권리를 침해당해서는 안 된다. 이처럼 사람이기 때문에 당연히 누리는 권리를 (㉠)(이)라고 한다.

① 의무　　　❷ 인권

③ 청렴　　　④ 희소성

　　ⓒ 안전 점검을 통과하지 못한 놀이터가 고쳐지지 않고 방치되어 어린이의 놀 권
　　　리가 침해받은 경우

　　ⓔ 휠체어를 사용할 수 있는 경사로가 없는 경우

(7) 인권존중을 위해 필요한 마음

　① 상대방을 배려하는 마음

　② 자신만큼 다른 사람도 소중하고 귀히게 여기는 마음

　③ 다른 사람을 존중하고 이해하는 마음

　④ 나와 다른 사람의 차이를 인정하는 마음

(8) 인권존중을 위해 우리 사회가 실천해야 할 일

　① 법과 도덕을 준수한다.

　② 대중교통에 장애인이나 노약자의 자리를 만든다.

　③ 공공장소에는 장애인용 시설을 설치한다.

　④ 소수 의견도 존중하려는 의식을 갖는다.

(9) 인권 신장을 위해 노력했던 옛사람들

방정환	모든 어린이가 꿈과 희망을 품고 행복하게 자라기를 바라는 마음으로 어린이날을 만들었다.
허균	• 양반 신분이지만 가난한 백성의 편에 서서 신분제도의 잘못된 점을 주장했다. • 허균이 쓴 「홍길동전」에는 당시의 사회 제도를 고쳐야 한다는 생각이 담겨있다.
테레사 수녀	가난하고 아픈 사람을 위해 평생을 바쳤고, 버림받은 아이도 존중해야 한다고 생각했다.
마틴 루터 킹	백인에게 차별받는 흑인의 인권을 신장하고자 노력하였다.

(10) 세계 인권 선언

① 국제 연합(UN)은 '세계 인권 선언'을 선포하면서 인권을 인류가 추구해야 할 보편적인 권리로 채택하였다.

> **용어 설명** 국제 연합(UN) : 전쟁 방지와 평화 유지를 위해 설립된 국제기구

② 세계 인권 선언은 세계가 자유와 평등을 추구하고 정의를 유지하기 위해서는 인간의 존엄성이 인간 삶의 바탕이 되어야 한다고 강조한다.

> **용어 설명** 국민 신문고 : 정부에 대한 모든 민원, 제안, 토론 등을 신청할 수 있는 인터넷 소통 창구로서, 국민권익위원회에서 운영하는 누리집

세계 인권 선언문

제1조 모든 사람은 태어날 때부터 자유롭고, 존엄하며, 평등하다.

제2조 모든 사람은 인종, 피부색, 성, 언어, 종교 등 어떤 이유로도 차별받지 않아야 한다.

제3조 모든 사람은 자기 생명을 지킬 권리, 자유를 누릴 권리, 그리고 자신의 안전을 지킬 권리가 있다.

제15조 누구나 국적을 가질 권리가 있다.

제18조 모든 사람은 사상, 양심, 종교의 자유를 누릴 권리가 있다.

제19조 모든 사람은 의사표현의 자유를 누릴 권리가 있다.

제26조 모든 사람은 교육받을 권리가 있다.

제27조 모든 사람은 자기가 속한 사회의 문화생활에 자유롭게 참여하고, 예술을 즐기며, 학문적 진보와 혜택을 공유할 권리가 있다.

찍어주는 핵심정리

05 **인권을 존중하며 함께 사는 우리**

01 인권이란 성별, 국적, 피부색, 언어, 신분, 종교 등에 상관없이 존중 받으며 사람으로서 마땅히 누려야 할 기본적 권리이다.

02 인간이 존엄하다는 생각은 근대 이후 인권 사상으로 발전하였는데, 인권은 인간이 지니는 기본적인 권리이자 인간 존엄성을 보장하기 위한 권리이다.

03 정당한 절차와 공정한 분배, 기회의 균등이 이루어지는 사회는 인권 존중을 기본으로 한다.

04 인권존중을 위해 필요한 마음
- 상대방을 배려하는 마음
- 자신만큼 다른 사람도 소중하고 귀하게 여기는 마음
- 다른 사람을 존중하고 이해하는 마음
- 나와 다른 사람의 차이를 인정하는 마음

05 모든 어린이가 꿈과 희망을 품고 행복하게 자라기를 바라는 마음으로 어린이날을 만든 사람은 방정환이다.

06 국제 연합(UN)은 '세계 인권 선언'을 선포하면서 인권을 인류가 추구해야 할 보편적인 권리로 채택하였다.

07 국민 신문고는 정부에 대한 모든 민원, 제안, 토론 등을 신청할 수 있는 인터넷 소통 창구로서, 국민권익위원회에서 운영하는 누리집이다.

01 인권에 대한 설명으로 바른 것은?

① 누구든지 인간다운 삶을 누릴 권리가 있다.

② 외국인은 국내에서 인권을 보호받지 못한다.

③ 어린이는 인권을 보호받을 수 없다.

④ 장애인은 인권을 보호받을 수 없다.

01

인권의 의미 : 성별, 국적, 인종 등에 관계없이 존중 받으며 인간답게 살아갈 권리이다.

02 미국에서 흑인의 인권 보호를 위해 노력한 인물은?

① 넬슨 만델라

② 테레사 수녀

③ 버락 오바마

④ 마틴 루터 킹 목사

02

마틴 루터 킹 목사는 제2차 세계 대전 후 미국 흑인 인권 운동의 지도자로 활약하였다.

03 다른 사람의 인권을 보호해야 되는 가장 타당한 이유는?

① 인권을 보호하지 않으면 처벌받기 때문에

② 인권은 인간으로서 누구나 갖는 권리이기 때문에

③ 다른 나라 언론에서 비난하기 때문에

④ 인권 보호에 대한 국제법이 있기 때문에

03

인권은 태어나면서부터 가지는 권리로, 어떤 이유로도 인간답게 살 권리를 침해당해서는 안 된다.

- - - A N S W E R - - -

01. ① **02.** ④ **03.** ②

04 다음 중 인권 보호가 가장 필요한 사람은 누구인가?

① 선생님   ② 기업인

③ 외국인 근로자   ④ 대통령

04

인권 보호가 가장 필요한 사회적 약자는 홀로 사는 노인, 외국인 노동자, 아동 등이다.

05 다음 중 인권존중을 위해 우리 사회가 실천해야 할 일로 옳지 <u>않은</u> 것은?

① 다수를 위해 소수 의견은 무시해도 된다.

② 공공장소에는 장애인용 시설을 설치한다.

③ 법과 도덕을 준수한다.

④ 대중교통에 장애인이나 노약자의 자리를 만든다.

05

① 소수 의견도 존중하려는 의식을 갖는다.

06 ㉠에 들어갈 말로 적절하지 <u>않은</u> 것은?

기출

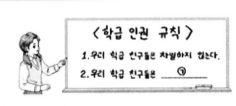

① 서로 존중하고 배려한다.

② 폭력을 사용하지 않는다.

③ 친한 사이라면 함부로 대한다.

④ 서로 바르고 고운 말을 사용한다.

06

친한 사이라도 함부로 하지 않고 존중하며 예의를 지켜야 한다.

06 밝고 건전한 사이버 생활

(1) 인터넷

① 전 세계의 컴퓨터가 서로 연결되어 정보를 교환할 수 있는, 하나의 거대한 컴퓨터 통신망을 말한다.

② 우리가 서로 데이터를 주고 받을 수 있게 해준다.

(2) 사이버 공간

① 정보 통신망을 통해 방대한 정보를 교환하고 공유하는 가상 공간이다.

② 현실에서 불가능한 다양한 경험을 할 수 있다.

> **용어설명** 가상 공간
> 현실적으로 존재하는 공간이 아닌 컴퓨터, 인터넷 등으로 만들어진 공간

(3) 사이버 공간의 특징

① **익명성** : 자신이 누구인지 감출 수 있으며, 상대방이 누구인지 알지 못한다.

   ㉠ 장점 : 사생활 보호 및 사이버 공간의 자유 보장

   ㉡ 단점 : 사이버 공간의 비도덕적 행위의 원인

② **개방성** : 일정한 자격과 권한을 가진 사람이라면 누구나 정보를 찾아볼 수 있다.

③ **평등성** : 나이나 지위에 따른 차별 없이 수평적 의사소통이 가능하다.

④ **자율성** : 어떤 정보를 얻고 어떻게 활동할 것인가를 스스로 결정할 수 있다.

⑤ **쌍방향성** : 일방적 정보 생산·소비보다는 양쪽이 다 같이 정보를 생산하고 공유할 수 있다. ⓓ 댓글 문화

⑥ **비동시성** : 시간에 구애받지 않고 일을 처리할 수 있다.

⑦ **광역성** : 국경이나 인종, 언어를 초월하여 넓은 지역까지 영향을 미친다.

⑧ **신속성** : 전파된 정보가 빠른 속도로 퍼져 나간다.

(4) 사이버 공간의 긍정적인 면과 부정적인 면

긍정적인 면	• 정보 검색과 습득 : 인터넷이라는 정보망을 통하여 풍부하고 다양한 지식과 정보를 검색하여 습득할 수 있다. • 편리한 생활 : 인터넷을 통하여 은행 업무나 민원을 처리할 수 있고, 직접 상점에 가지 않고도 집에서 물건을 주문할 수 있다. • 폭넓은 교류 : 전자 우편, 개인 홈페이지, 블로그 등을 통하여 지구 반대편에 있는 사람과도 친분을 쌓을 수 있다.
부정적인 면	• 사이버 폭력 : 악성 댓글을 달거나 다른 사람의 컴퓨터에 불법으로 침투하여 소프트웨어와 하드웨어를 망가뜨릴 수 있다. • 인터넷 중독 : 인터넷 게임, 채팅, 웹서핑 등을 지나치게 많이 하여 건강한 생활을 하지 못할 정도로 중독에 빠질 수 있다. • 언어 파괴 : 우리말 맞춤법을 무시한 인터넷 언어를 사용함으로써 언어가 파괴될 수 있다.

(5) 우리가 지켜야 할 사이버 예절

① 예의에 어긋나는 행동은 하지 않는다.

② 바이러스 유포나 해킹 등을 하지 않는다.

③ 저속한 은어나 비어 등을 사용하지 않는다.

④ 다른 사용자의 ID나 이름을 이용하지 않는다.

⑤ 상대방의 이름에 '님'이라는 호칭을 사용한다.

⑥ 대화방에 참여하거나 퇴장할 때에는 인사를 한다.

⑦ 표준어로 대화한다.

⑧ 사용한 자료의 출처를 밝힌다.

⑨ 악플을 달지 않는다.

⑩ 불법 내려받기를 하지 않는다.

⑪ 불건전한 정보나 개인 정보를 함부로 퍼뜨리지 않는다.

> **바로로 확인 ▶▶**
>
> **다음에서 공통으로 설명하는 것은?**
>
> • 사이버 공간에서 친구를 따돌리는 것
> • 사이버 공간에서 다른 사람을 비난하는 글을 쓰는 것
>
> ① 뉴스 　　② 신문
> ③ 정보검색 　❹ 사이버폭력

⑫ 사이버 공간에서도 다른 사람을 존중한다.

용어설명 네티켓

네트워크(Network)와 에티켓(Etiquette)의 합성어로 인터넷 예절을 말한다.

(6) 인터넷 사용에서 발생하는 문제점

① 다른 사람의 자료를 허락 없이 복사하여 사용한다.

② 친구나 가족들과 대화하는 시간이 줄어든다.

③ 사이버 범죄가 늘고 개인 정보가 유출된다.

(7) 인터넷 중독의 종류와 예방법

① 인터넷 검색 중독

㉠ 컴퓨터 사용 시간을 정한다.

㉡ 인터넷 검색은 꼭 필요한 때만 한다.

② 채팅 중독

㉠ 공개된 장소로 컴퓨터를 옮긴다.

㉡ 낯선 사람과 실제 만나는 일은 매우 위험하다.

③ 음란물 중독

㉠ 바른 성 의식을 갖도록 한다.

㉡ 차단 프로그램을 이용한다.

④ 휴대 전화 중독

㉠ 수업 중에는 반드시 전원을 끈다.

㉡ 이유 없이 기기를 바꾸지 않는다.

(8) 인터넷 실명제

① 인터넷 실명제의 등장 배경

인터넷상의 익명성으로 인해 악성 댓글이 늘어나고 게시판에 바람직하지 못한 정

보를 올리는 등 문제가 발생하였다. 이에 따라 인터넷에 글을 쓰고 정보를 올릴 때 실명을 밝혀야 한다는 의견이 생겼다.

② 인터넷 실명제 찬성 의견 예시

　　㉠ 악성 댓글 방지 : 자신이 누구인지 드러나지 않는 익명성을 이용하면 다른 사람에게 상처 주는 말을 올리거나 허위 정보를 퍼뜨리기가 쉬워진다. 한편, 비방의 대상이 되는 사람은 정신적인 피해를 입거나 심한 경우 목숨을 끊기도 한다.

 선플 달기 운동

　　• 인터넷 악성 댓글로 인해 고통 받는 사람들에게 용기와 희망을 주는 댓글을 달아주자는 운동

　　• 정성과 진심이 담긴 따뜻한 선플은 사이버 공간을 아름답게 가꾸어 준다.

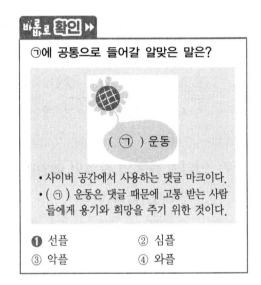

바르로 확인 ▶▶

㉠에 공통으로 들어갈 알맞은 말은?

(㉠) 운동

• 사이버 공간에서 사용하는 댓글 마크이다.
• (㉠) 운동은 댓글 때문에 고통 받는 사람들에게 용기와 희망을 주기 위한 것이다.

❶ 선플　　　② 심플
③ 악플　　　④ 와플

더 알아두기

인터넷 실명제 반대 의견 예시

• **표현의 자유 침해**

인터넷 실명제를 하면 다른 사람들의 시선에 대한 부담감 때문에 하고 싶은 말을 자유롭게 표현하지 못하게 된다. 그리고 자신과 반대되는 의견을 쓴 사람의 실명이 드러남으로써 실제 생활에서 그 글을 올린 사람에게 불이익을 주거나 글쓴이에 대해 편견을 가지고 바라보는 일이 발생할 수 있다.

• **실명제의 효과 미약**

인터넷 실명제가 이미 시행되고 있는 사이트라 할지라도 여전히 다른 사람에게 상처 주는 말, 이유 없는 비방과 욕설 등 악성 댓글을 다는 경우가 많기 때문에 인터넷 실명제가 악성 댓글을 없애는 효과는 별로 없다.

ⓒ 건전한 인터넷 이용 문화 조성 : 인터넷을 이용하는 사람들은 책임감을 가지고 글을 쓰게 되며, 사이트를 운영하는 사람들도 건전한 인터넷 공간이 조성되도록 효과적으로 관리할 수 있다.

(9) 사이버 폭력 문제

① **사이버 폭력** : 사이버 공간에서 다양한 형태로 타인에게 가해지는 괴롭힘을 의미한다.

② **사이버 폭력의 유형**

㉠ 인터넷 상에 욕설이나 인격 모독, 허위사실 또는 비방하는 글을 올리는 것이다.

ⓒ 특정인을 비하하는 글, 이미지, 동영상 혹은 개인 신상 정보를 유포하는 행위를 한다.

ⓒ 타인의 개인정보를 동의 없이 함부로 유출, 유포하는 행위이다.

② 단체 채팅방에 계속 초대하거나 초대 후 집단적으로 나가버리는 행위 등 다양한 형태로 이루어진다.

③ **사이버 폭력의 예방** : 사이버 공간의 특성에 대한 이해가 선행되어야 하며, 다양한 형태별로 차별화된 대응 노력이 필요하다.

(10) 인터넷 게임 중독의 문제점

① 건강이 나빠지거나 성적이 떨어진다.

② 학교생활을 소홀히 하게 되거나 주변 사람들과 관계가 나빠진다.

(11) 인터넷 중독 예방 지킴이

① **인터넷 이용 계획의 중요성**

인터넷을 할 때 무엇을 먼저 할지, 중요하게 할 일이 무엇인지를 생각하지 않고 목적 없이 인터넷을 하다 보면 자신도 모르게 인터넷 중독에 빠질 수가 있다. 따라서 이를 미리 예방할 수 있도록 인터넷 이용 계획을 세우고 실천하는 것이 중요하다.

② 계획 수립

ㄱ 집에 오면 우선순위를 정하고, 인터넷을 사용하기 전에 중요한 것을 먼저 한다.

ㄴ 사용 시간을 미리 정하고, 정해진 시간 동안만 인터넷을 사용한다.

ㄷ 인터넷을 얼마나 어떤 것에 사용했는지 사용 일지를 쓴다.

ㄹ 일주일에 한 번 이상 가족들과 함께하는 시간을 가진다.

ㅁ 일주일 중에 하루는 '인터넷 안 쓰는 날'로 정한다.

06 밝고 건전한 사이버 생활

01 인터넷이란 전 세계의 컴퓨터가 서로 연결되어 정보를 교환할 수 있는, 하나의 거대한 컴퓨터 통신망을 말한다.

02 사이버 공간은 정보 통신망을 통해 방대한 정보를 교환하고 공유하는 가상 공간이다.

03 사이버 공간의 특징 : 익명성, 개방성, 평등성, 자율성, 쌍방향성, 비동시성, 광역성, 신속성 등
- 익명성 : 자신의 신분을 감추거나 나타내지 않는다.
- 개방성 : 누구나 정보를 찾아볼 수 있다.
- 평등성 : 나이나 지위에 따라 차별받지 않는다.
- 자율성 : 직접적인 통제나 간섭을 받지 않는다.
- 광역성 : 국경이나 인종, 언어를 초월하여 넓은 지역까지 영향을 미친다.
- 신속성 : 정보 전달 속도가 빠르게 퍼져 나간다.

04 악성 댓글을 달거나 다른 사람의 컴퓨터에 불법으로 침투하여 소프트웨어와 하드웨어를 망가뜨릴 수 있는 것을 사이버 폭력이라고 한다.

05 인터넷 게임, 채팅, 웹서핑 등을 지나치게 많이 하여 건강한 생활을 하지 못하는 것은 인터넷 중독이다.

06 네티켓이란 네트워크와 에티켓의 합성어로 인터넷 예절을 말한다.

07 선플 운동은 댓글 때문에 고통 받는 사람들에게 용기와 희망을 주기 위한 것이다.

01 인터넷을 사용할 때 지켜야 할 바른 예절은?

기출

① 게임 중에 상대방의 기분을 나쁘게 만든다.

② 주로 반말을 사용하여 대화한다.

③ 다른 사람을 비방하거나 명예를 훼손하지 않는다.

④ 하나의 아이디(ID)를 여러 사람이 사용한다.

01

① 게임 중에 예의에 어긋나는 행동은 하지 않는다.

② 상대방의 이름에 '님'이라는 호칭을 사용하고, 반말하지 않는다.

④ 다른 사용자의 ID나 이름을 이용하지 않는다.

02 사이버 공간이 우리에게 주는 이로운 점으로 옳지 않은 것은?

① 개인 정보가 철저하게 보안 유지되어 안심할 수 있다.

② 인터넷을 통해 다양한 사람들을 만날 수 있다.

③ 인터넷으로 물건을 사는 등 생활이 편리해졌다.

④ 인터넷을 통해 은행 업무나 민원을 처리할 수 있다.

02

정보 사회에서는 개인 정보가 유출되거나 사이버 범죄가 발생하는 등의 문제가 발생하기도 한다.

03 사이버 공간의 긍정적인 면을 〈보기〉에서 고른 것은?

기출

> 보기
>
> ㄱ. 심각한 게임 중독
>
> ㄴ. 소식과 자료의 신속한 전달
>
> ㄷ. 개인 정보 유출과 사생활 침해
>
> ㄹ. 멀리 있는 사람과의 자유로운 의사소통

① ㄱ, ㄴ ② ㄱ, ㄷ

③ ㄴ, ㄹ ④ ㄷ, ㄹ

03

심각한 게임 중독이나 개인 정보 유출 및 사생활 침해는 사이버 공간의 부정적인 면이다.

ANSWER

01. ③ 02. ① 03. ③

04 인터넷이 우리의 생활에 미치는 영향 중 바람직한 것은?

① 폭력물을 쉽게 접할 수 있다.

② 재미있는 게임을 마음대로 한다.

③ 많은 정보를 빠른 시간 안에 주고받는다.

④ 개인의 신상 정보가 쉽게 노출된다.

04

인터넷이라는 정보망을 통하여 풍부하고 다양한 지식과 정보를 빠른 시간 안에 주고받을 수 있다.

05 ㉠에 들어갈 말로 적절한 것은?

기출

> 교사 : 우리가 사이버 공간에서 지켜야 할 예절에는 무엇이 있을까요?
>
> 학생 : _____㉠_____

① 불법으로 자료를 내려받지 않아요.

② 문자를 주고받을 때 비속어를 사용해요.

③ 친구의 사진에 외모를 지적하는 댓글을 달아요.

④ 친구의 아이디로 몰래 학급 누리집에 글을 올려요.

05

비속어를 사용하거나 친구의 외모를 지적하는 댓글을 달고, 친구의 아이디를 몰래 이용하는 것은 다른 사람에게 피해를 주는 행동이므로 하지 않아야 한다.

06 다음 중 우리가 지켜야 할 사이버 공간 윤리가 <u>아닌</u> 것은?

① 사이버 공간에서도 준법정신이 필요하다.

② 필요한 자료는 정품을 구입할 필요 없이 무료로 내려받기 한다.

③ 다른 사람에게 친절하게 대하고 도움을 주려고 한다.

④ 사이버 공간에서 만나는 모든 사람을 존중한다.

06

불법 내려받기는 저작권을 침해하는 행동이다.

ANSWER

04. ③ **05.** ① **06.** ②

07 생명 존중과 자연환경 보호

1 생명 존중

(1) 생명 존중 정신의 실천

① 자연에서 살고 있는 동물이 덫에 걸려 죽게 되었을 때 살려 주는 생명 존중 정신 실천

　　㉠ 덫에서 풀어 주고, 치료를 해준다.

　　㉡ 다시 자연으로 돌려보내 준다.

　　㉢ 자연의 생물들이 잘 살아야 인간도 잘 살 수 있다.

② 불이 났을 때 가장 먼저 할 일은 인명 구조

　　㉠ 갑자기 화재가 나면 사람부터 구해야 한다.

　　㉡ 어떠한 사고 현장에서도 사람부터 먼저 구한다.

(2) 생명이 소중한 이유

① 생명은 다른 것으로 대신할 수 없다.

② 생명은 누구에게나 단 한 번만 있다.

③ 생명은 무한하지 않고 한계가 있다.

④ 생명은 살아있는 동안 생활을 할 수 있는 기본이다.

더 알아두기

생명이 있는 곳에 희망이 있다.

- 생명보다 귀하고 소중한 것은 없다.
- 생명이 있기 때문에 또 다른 생명을 낳고, 생명이 있는 사람에 의하여 세상은 가꾸어지고 살기 좋은 곳으로 만들어진다.
- 생명이 없다면 아무것도 될 것이 없다. 그러므로 생명은 힘이다.
- 만물은 생명이 있기 때문에 존재하게 되는 것이다.
- 가장 소중한 생명은 하나뿐이다.

---

(3) 다른 사람의 생명을 소중히 여기는 까닭

   ① 다른 사람도 나와 똑같은 의미의 생명을 가지고 있다.

   ② 다른 사람의 생명도 귀중한 이유를 모두 갖고 있다.

(4) 인명을 중심으로 한 활동

   ① **생명 보호** : 질병, 천재 지변, 각종 사고 때 인명 우선 구조

   ② **장애자 보호** : 활동 편의 시설, 직업 알선

   ③ **동·식물을 중심으로 한 활동**

   ④ **불법 동물 포획 금지** : 사냥 기간 설정

   ⑤ **희귀 식물 채취 금지** : 자연 상태 유지

   ⑥ **환경을 중심으로 한 활동**

   ⑦ **그린피스 운동** : 세계 환경 지키기 운동

   ⑧ **자연 보호 활동** : 사람은 자연 보호, 자연은 사람 보호

(5) 유니세프 활동과 생명 존중

   ① **국제 연합 아동 기금** : 세계 여러 나라에서 가난, 굶주림, 질병으로 고생하는 어린 생명들을 위해 활동하고 있다.

   ② **우리가 할 수 있는 유니세프 지원 활동**

      ㉠ 한 끼 굶기 운동으로 양식을 모으는 일에 참여한다.

      ㉡ 기금 모금 활동에 참여한다.

(6) 헌혈과 생명 존중

   ① **헌혈** : 피가 모자라는 사람에게 피를 나누어 줌

   ② 헌혈을 하면 내가 필요할 때 헌혈을 받을 수 있다.

③ 헌혈은 남과 내가 함께 할 수 있는 소중한 생명 살리기 봉사 활동이다.

(7) 국가적 · 국제적 생명 보호 활동

① 장기 기증 활동

② 동물 보호 활동

③ 소방대원 활동

④ 국경 없는 의사회 활동

⑤ 유니세프 활동

⑥ 사랑의 좀도리 쌀 운동

⑦ 북한에 쌀 보내기 활동

⑧ 사랑의 맨발 걷기 활동

⑨ 환자 도와주기

⑩ 119구조대원 활동

⑪ 적십자사 활동

바로로 확인 ▶▶

다음 단체나 사람들의 공통점은?

- 외국에서 의료 봉사하는 한국인 의사들
- 환자들을 찾아 가는 국경 없는 의사회
- 119구조대원, 생명나눔실천회, 국제적 십자

❶ 사람의 생명을 소중히 여겨 남을 돕는 사람들
② 시간적 여유가 있어 남을 돕는 사람들
③ 경제적 여유가 있어 남을 돕는 사람들
④ 인정받고 자랑하기 위해 남을 돕는 사람들

동 · 식물을 사랑하고 보호하는 일

- **동물 사랑과 보호**
  - 동물이 자연 상태에서 살도록 해 준다.
  - 동물이 재해를 입거나 불의의 공격으로 다쳤을 때 인간의 힘으로 치료해 주고, 구조해 준다.
  - 특히 희귀 동물은 적극 보호해 준다.
- **식물 사랑과 보호**
  - 식물은 모든 동물의 에너지원이다(맑은 산소와 1차 생산자가 된다).
  - 식물이 황폐화되면 동물은 삶의 위기를 맞는다. 따라서 식물은 사랑받고 보호되어야 한다.

2 자연환경 보호

(1) 자연환경을 보호해야 하는 까닭

지구 위의 자연환경은 모든 생물이 살아가는 유일한 삶의 터이다. 삶의 터가 오염되면 모든 생물들이 살 수 없게 되고, 생물이 살 수 없으면 사람도 당연히 살 수 없게 된다. 그러므로 자연환경은 보호되어야 한다.

바로바로 확인 ▶▶

환경을 보호하고 아끼면 좋은 점은?
① 홍수나 산사태가 자주 일어난다.
❷ 사람에게 필요한 맑은 물을 얻는다.
③ 공기가 오염되고 동식물이 멸종된다.
④ 기상 이변이 일어나 사람들이 피해를 입는다.

(2) 나무를 심자!

① 공기 오염의 주범

    ㉠ 자동차의 배기 가스(매연, 이산화황)

    ㉡ 디젤 자동차 사용

② 이산화황의 피해

    ㉠ 산성비의 주범으로 동·식물에 치명적 피해

    ㉡ 특히 나무를 말라 죽게 하는 독성을 지니고 있다.

바로바로 확인 ▶▶

지구환경의 오염으로 나타나는 현상이 아닌 것은?
① 지구의 온도가 높아져 극지방의 빙하가 녹는다.
❷ 반딧불이가 많아져 운전에 방해가 된다.
③ 산성비가 내린다.
④ 스모그현상이 발생해 눈병이나 호흡기 질환을 일으킨다.

③ 공기 오염을 줄이는 방법

    ㉠ 이산화황 발생 연료 사용 중지 및 극소화

    ㉡ 나무를 많이 심어 맑은 공기(산소) 생산량 늘리기

④ 나무가 맑은 공기를 만들어 내는 까닭

    ㉠ 나무는 태양 빛과 공기 중의 이산화탄소 및 뿌리로부터 빨아올린 물이 잎에서 만나 광합성 작용(탄소 동화작용)을 함에 따라 열매를 생산하게 된다.

    ㉡ 공기 중에서 이산화탄소를 흡수한 나무는 산소를 공기 중으로 내보낸다.

(3) 자연 사랑의 참뜻

① 공기 : 맑은 공기가 없으면 인간도 동물도 다 같이 죽어야 한다.

② 물 : 마시지 않으면 동·식물은 죽는다.

③ 산 : 동·식물의 삶의 터이다.

④ 공기와 물과 산은 자연 그대로 잘 보전될 때에 동·식물도 인간도 생명을 유지할 수 있다. 자연을 훼손 및 파괴하여 동·식물의 삶의 터를 줄이거나 없애면 인간 스스로 삶의 터를 잃는 것이므로 자연을 사랑하는 마음과 실제로 실천하는 것이 중요하다.

(4) 가정에서 실천할 수 있는 환경 사랑

① 학교 등하교 때 자가용 사용 줄이기

② 교과서 포장을 비닐로 하지 않기

③ 플라스틱 장난감을 줄이기

지구를 살리는 행동

• **개인 컵 사용하기**
학교나 회사 등에서 개인 컵을 사용하면 1회용 종이컵 사용을 줄일 수 있다. 1회용 종이컵은 나무에서 추출한 천연 펄프로 만들어진다. 따라서 1회용 종이컵 대신 개인 컵을 사용하면 나무를 심는 것과 같은 효과가 있다.

• **겨울철에 내복 입기**
겨울철 내복을 입는 것은 실내온도를 약 3℃ 높이는 효과가 있어 에너지를 절약할 수 있다.

• **여름철에 부채 사용하기**
여름철에 부채를 사용하면 에어컨과 같은 냉방기 사용 시간을 줄여 에너지를 절약할 수 있다.

• **대중교통 이용하기**
자동차의 배기가스는 대기를 오염시킨다. 따라서 버스나 지하철 같은 대중교통을 많이 이용하여 자동차 운행이 줄어들면 공기도 그만큼 깨끗해질 것이다.

④ 들꽃과 들풀을 잘 알고 보호하기

⑤ 일회용품 및 음식 쓰레기 줄이기

⑥ 세제의 사용 줄이기

⑦ 목욕할 때 샤워기 사용하기

⑧ 무공해 채소를 가꾸어 먹기

⑨ 환경 일기를 꾸준히 쓰며 반성하기

⑩ 가까운 곳은 걷거나 자전거 이용하기

바로로 확인

환경오염을 줄이기 위해 할 수 있는 일은?
❶ 가까운 거리는 걸어 다닌다.
② 샴푸를 많이 쓴다.
③ 일회용품을 많이 쓴다.
④ 물건을 살 때 꼭 포장한다.

(5) 자연을 지키는 작은 실천

① 음식물 쓰레기를 줄이는 방법

   ⊙ 가정에서

      ⓐ 음식을 골고루 먹는다.

      ⓑ 먹을 만큼만 음식을 만든다.

   ⓛ 학교에서

      ⓐ 급식 시간에 먹을 만큼만 음식을 받는다.

      ⓑ 가져온 음식은 남기지 말고 먹는다.

   ⓒ 그 밖의 장소에서

      ⓐ 먹을 수 있는 만큼만 주문한다.

      ⓑ 먹지 않을 반찬은 식사를 시작하기 전에 돌려보낸다.

② 음식물 쓰레기가 환경에 미치는 영향

   ⊙ 수질 오염 : 음식물 쓰레기는 80% 이상의 수분을 함유하고 있어 쉽게 부패한다. 음식물 쓰레기가 부패하면서 흘러나오는 침출수로 인해 하천이 오염된다.

   ⓛ 토양 오염 : 음식물 쓰레기는 염도가 높아 땅에 묻으면 토양이 오염된다. 또한, 음식물 쓰레기를 묻은 곳을 잘못 관리할 경우 토양은 물론 지하수까지 오염될 수 있다.

ⓒ 대기 오염 : 음식물 쓰레기는 수분을 많이 포함하고 있어 잘 타지 않는다. 따라서 음식물 쓰레기를 태울 경우, 불완전 연소로 인해 여러 가지 유해 물질이 배출될 가능성이 높다.

더 알아두기

- **녹색 소비** : 환경을 생각하는 소비로서, 상품의 구매, 사용, 폐기의 전 과정에서 환경 파괴를 최소화하기 위해 노력하는 것을 말한다.

- **녹색 소비 실천 방법**
  - 재생 화장지, 재생 비누, 재생 노트 등 재활용 제품을 구매한다.
  - 에너지와 자원의 소비가 적은 제품을 선택한다.
  - 한번 쓰고 버리는 1회용품보다는 되풀이해서 사용할 수 있는 제품을 선택한다.
  - 제품 소각이나 매립할 때 유해 성분이 배출되지 않거나 자연 분해가 되는 제품을 사용한다.
  - 가전제품은 에너지 소비 효율 등급이 높은 것을 구매한다.
  - 가전제품을 사용하지 않을 때에는 플러그를 뽑아 놓는다.
  - 실내외 온도차는 5℃ 이내가 되도록 냉난방 온도를 설정한다.
  - 이웃 간에 안 쓰는 물건을 교환해서 사용한다.

07 생명 존중과 자연환경 보호

01 생명이 소중한 이유 : 누구에게나 단 한 번만 주어지는 것으로, 다른 것으로 대신할 수 없으며 무한하지 않고 한계가 있다.

02 인명을 중심으로 한 활동

생명 보호, 장애자 보호, 동·식물을 중심으로 한 활동, 불법 동물 포획 금지, 희귀 식물 채취 금지, 환경을 중심으로 한 활동, 그린피스 운동, 자연 보호 활동

03 유니세프(국제 연합 아동 기금) : 세계 여러 나라에서 가난, 굶주림, 질병으로 고생하는 어린 생명들을 위해 활동하고 있다.

04 헌혈과 생명 존중

• 혈액은 생명과 같다.

• 내가 필요할 때 헌혈을 받을 수 있다.

• 헌혈은 남과 내가 함께 할 수 있는 소중한 생명 살리기 봉사 활동이다.

05 국가적·국제적 생명 보호 활동

장기 기증 활동, 동물 보호 활동, 소방대원 활동, 국경 없는 의사회 활동, 유니세프 활동, 사랑의 좀도리 쌀 운동, 북한에 쌀 보내기 활동, 사랑의 맨발 걷기 활동, 환자 도와주기, 119구조대원 활동, 적십자사 활동

06 녹색 소비란 환경을 생각하는 소비로서, 상품의 구매, 사용, 폐기의 전 과정에서 환경 파괴를 최소화하기 위해 노력하는 것을 말한다.

실력 다지기
실전 예상 문제

01 생명을 소중히 여기는 마음으로 바른 것은?

① 생명이 있는 모든 것을 소중히 여긴다.

② 다른 사람의 생명을 소중히 여기지 않는다.

③ 자신의 생명만을 소중히 여긴다.

④ 동식물의 생명을 소중히 여기지 않는다.

02 생명을 존중하는 행동이 <u>아닌</u> 것은?

기출

① 식물에 물을 준다.

② 옆집 강아지를 잘 돌본다.

③ 굶주린 동물에게 먹이를 준다.

④ 덫을 이용하여 야생 동물을 잡는다.

03 다음 사람들의 공통점은?

> • 의료봉사 활동에 참여한 민아 아빠
> • 동물보호 활동에 참여한 민아 엄마
> • ARS로 이웃돕기를 실천한 민아
> • 하굣길에 헌혈을 한 민아 오빠

① 자신만의 이익을 추구하는 사람들

② 자연보호 활동에 참여한 사람들

③ 생명 존중을 실천한 사람들

④ 생명을 함부로 대하는 사람들

01

소중한 생명은 하나뿐이고 만물은 생명이 있기 때문에 존재하는 것이므로 생명이 있는 모든 것을 아끼고 사랑하는 생명 존중 정신은 존경받을 일이다.

02

동물이 덫에 걸렸을 경우에는 덫에서 풀어주고 치료한 다음 다시 자연으로 돌려보내 줘야 한다.

03

국가적·국제적 생명 보호 활동
장기 기증 활동, 동물 보호 활동, 소방 대원 활동, 국경 없는 의사회 활동, 유니세프 활동, 사랑의 좀도리 쌀 운동, 119 구조대원 활동 등

- - - A N S W E R - - -
01. ① **02.** ④ **03.** ③

04 동물들의 생명을 보호해 주는 방법은?

① 농약을 이용해 해충을 잡는다.

② 다친 동물을 치료해 준다.

③ 덫이나 올무와 같은 것을 놓는다.

④ 약물을 놓아 둔다.

04

동물이 재해를 입거나 불의의 공격으로 다쳤을 때 인간의 힘으로 치료해 주고, 구조해 준다.

05 우리가 환경보호를 위해 노력하고 있는 일이 <u>아닌</u> 것은?

① 자연보호 운동을 한다.

② 농약을 많이 사용한다.

③ 환경감시 활동을 한다.

④ 산림보호를 위해 노력한다.

05

② 환경보호를 위해서는 농약을 많이 사용하지 않아야 한다.

06 석탄이나 석유와 같은 연료가 연소할 때 발생하는 물질로 공기 중 수증기와 만나 비와 함께 내리는 현상은?

① 산성비   ② 프레온가스

③ 오존   ④ 스모그

06

② 프레온가스 : 기체 상태로 있는 프레온

③ 오존 : 원자의 산소로 된 푸른빛의 기체

④ 스모그 : 자동차의 배기가스나 공장에서 내뿜는 연기가 안개와 같이 된 상태

--**ANSWER**--

04. ② **05.** ② **06.** ①

08 작은 손길이 모여 따뜻해지는 세상

(1) 배려를 실천하기 위한 자세

① 일상생활 속에서 꾸준히 실천하는 자세가 필요하다.

② 다른 사람의 배려를 진정으로 받아들이고 고마움을 표현하는 자세가 필요하다.

③ 사랑하는 마음이 필요하다.

(2) 서로 배려해야 하는 까닭

① 더불어 살아가는 세상이기 때문이다.

② 우리는 함께 살아가는 존재이기 때문이다.

③ 서로 배려하면 모두 행복해지기 때문이다.

④ 배려가 없는 세상은 미움과 다툼이 많아지기 때문이다.

(3) 진정한 배려의 의미

내가 나를 아끼듯 남도 나를 아끼는 것	남을 돌봄과 동시에 자신을 돌보는 것	나와 남이 함께 행복해지는 것

바름로 확인 ▸▸

진정한 봉사로 가장 적절한 것은?

① 점수가 필요하니 청소해야지.

② 게임기를 받기 위해 공부를 열심히 해야지.

❸ 친구 다리가 불편하니 내가 가방을 들어 줘야지.

④ 상을 받기 위해 불우이웃에게 선물을 주어야지.

용어 설명 배려의 의미
  • 나보다 먼저 다른 사람의 입장에서 생각하는 것이다.
  • 다른 사람을 보살펴 주고 도움을 주기 위해 노력하는 것이다.
  봉사의 의미
  배려하는 마음을 바탕으로 다른 사람을 돕는 행동이다.

(4) 봉사 활동의 중요성

① 우리 주변에서 어렵게 살아가는 사람이 많기 때문이다.

② 더불어 살아가기 위해서는 서로 도와야 하기 때문이다.

(5) 다른 사람의 권익을 존중하기 위한 일

① 민주주의 사회에서 시민은 누구나 행복하게 살아갈 권리를 가지고 있고, 다른 사람도 자기와 똑같은 권리를 가지고 있기 때문에 서로서로 존중해 주려는 태도를 가진다.

더 알아두기

• **봉사하려는 마음 다지기**
  태안의 기적 : 2007년 서해안 원유 유출 사고가 일어나자, 130만 명이 자원 봉사자로 참여하여 흡착포나 헌옷 등을 이용해 해안가의 기름을 직접 제거했다.

• **서로 권익을 보호해 주는 마음가짐**
  ─ 서로 화를 내지 않는다.　　　　　　─ 서로 양보한다.
  ─ 서로 고운말을 쓴다.　　　　　　　─ 서로 도와준다.
  ─ 서로 인사를 나눈다.　　　　　　　─ 서로 칭찬한다.
  ─ 서로 걱정해 준다.

• **다른 사람의 권익을 존중하는 방법**
  ─ 내가 맡은 책임과 의무를 다하기
  ─ 다른 사람을 위해 봉사활동 실천하기
  ─ 정해진 규칙과 질서를 지키기
  ─ 양보하는 마음 실천하기
  ─ 기쁨과 슬픔을 서로 나누기
  ─ 남의 입장을 생각하여 그 사람에게 피해를 주지 않기
  ─ 자기 주장만 내세우고 상대방 입장을 생각해 주지 않는 행동하지 않기

② 나의 이익만 추구하지 않고, 다른 사람의 이익도 생각한다.

③ 내가 좀 불편하더라도 참고 견디면서 여러 사람에게 공동의 이익이 되도록 최선을 다한다.

④ 내가 싫으면 무조건 나쁜 것이라고 몰아붙이는 거부적인 행동을 하지 않는다.

⑤ 나는 나이지만 다른 사람이 볼 때는 남이라는 사실을 항상 생각하며 다른 사람의 권익을 존중한다.

(6) 사람은 누구나 존엄하다.

① 힘이 센 사람이 힘이 약한 사람을 괴롭힌다면, 나는 존엄하고 너는 존엄하지 않다는 생각이며 행동이다.

② 공공의 장소에서 자기만 편리하겠다고 행동하면 다른 사람의 존엄성을 무시하는 행동이다.

③ 몸이 불편한 사람을 무시하거나 편의 시설을 갖추어 주지 않으면 그 사람의 존엄성을 빼앗게 된다.

④ 부자가 가난한 사람을 도와주지 않는 것은 자기만 잘 살면 그만이라는 이기적인 행동이다.

⑤ 다른 사람의 약점을 들추어 내서 흉을 보는 행동은 다른 사람의 인격을 무시하는 행동이며, 상대적으로 자신도 존엄성을 무시 당하게 되는 이유가 된다.

(7) 봉사할 때의 마음가짐

① 스스로 하는 활동이므로 책임감을 가지고 맡은 일에 최선을 다한다.

② 당황스럽고 언짢은 일이 있더라도 침착하고 슬기롭게 행동한다.

③ 도움을 받는 사람의 자존심이 상하지 않게 친절하게 대한다.

> **바로바로 확인 ▶▶**
>
> **진정한 봉사를 하기 위한 마음가짐으로 알맞은 것은?**
> ① 거만한 마음
> ❷ 더불어 사는 마음
> ③ 자신만 사랑하는 마음
> ④ 자신의 이익만을 위하는 마음

④ 봉사는 주기만 하는 것이 아니라 받기도 한다는 것을 알고 감사하는 마음을 갖는다.

(8) 봉사의 삶을 산 인물

이태석 신부	• 그동안 걸어왔던 의사의 길을 접고 신부가 되어 아프리카 수단 남부의 '톤즈(Tonj)'라는 마을에서 사람들을 돕기 시작했다. • 총과 칼을 들고 노는 아이들에게 악기를 가르쳐 서로 화합하고 즐겁게 사는 법을 알게 하고, 학교를 지어 학생들을 가르쳤다. • 사람들에게 외면받는 한센병 환자를 돌보며 마을의 유일한 의사로서 활동하였다.
간디	인도의 정신적·정치적 지도자로, 제1차 세계 대전 이후, 무저항과 불복종을 표방한 독립운동을 이끌어 영국으로부터의 독립을 성취하였다.
나이팅게일	영국의 간호사로 크림전쟁 중 이스탄불에서 야전병원장으로 활약하였으며, 간호사 직제의 확립과 의료 보급의 집중 관리, 오수 처리 등으로 의료 효율을 일신하여 '광명의 천사'로 불렸다.
마더 테레사	• 인도의 캘거타 빈민가에 살면서 평생을 가난한 사람과 고아, 나병 환자들을 위해 애를 써 '마더 테레사'라고 불렸다. • 1979년 노벨 평화상을 받은 뒤에도 멈추지 않고 세상을 떠나기 전까지 자신은 돌보지 않고 불쌍한 사람들을 위해 사랑과 봉사를 실천하며 살았다.
페스탈로치	스위스의 교육자로서 가난한 아이들의 교육과 전쟁 고아들을 돌보는 일, 평생을 사랑을 바탕으로 한 독자적인 교육 방법을 실천했다.

08 작은 손길이 모여 따뜻해지는 세상

01 배려는 다른 사람의 어려움을 헤아릴 줄 아는 마음이다.

02 국가나 사회 또는 남을 위해 자신을 돌보지 않고 힘을 다해 애쓰는 것을 봉사라고 한다.

03 다른 사람의 권익을 존중하는 방법
  • 내가 맡은 책임과 의무를 다하기
  • 다른 사람을 위해 봉사활동 실천하기
  • 정해진 규칙과 질서를 지키기
  • 양보하는 마음 실천하기
  • 상대방 입장을 생각하여 그 사람에게 피해를 주지 않기

04 봉사할 때의 마음가짐
  • 스스로 하는 활동이므로 책임감을 가지고 맡은 일에 최선을 다한다.
  • 당황스럽고 언짢은 일이 있더라도 침착하고 슬기롭게 행동한다.
  • 도움을 받는 사람의 자존심이 상하지 않게 친절하게 대한다.
  • 봉사는 주기만 하는 것이 아니라 받기도 한다는 것을 알고 감사하는 마음을 갖는다.

05 그동안 걸어왔던 의사의 길을 접고 신부가 되어 아프리카 수단 남부의 '톤즈(Tonj)' 라는 마을에서 사람들을 돕기 시작한 사람은 이태석 신부이다.

실전 예상 문제

01 기출 다른 사람의 권익을 존중하는 생활태도는?

① 밤 늦게까지 피아노를 친다.

② 공부시간에 복도를 뛰어다닌다.

③ 급식실에서 차례를 잘 지킨다.

④ 버스에서 친구와 큰 소리로 떠든다.

01

다른 사람도 자기와 똑같은 권리를 가지고 있기 때문에 서로서로 존중해 주려는 태도를 가져야 한다.

02 일상생활에서 배려의 실천 방법으로 잘못된 것은?

① 다른 사람보다는 나를 먼저 생각한다.

② 다른 사람의 말을 경청한다.

③ 봉사 활동을 통해 이웃을 돕는다.

④ 상대에 대한 예의를 지킨다.

02

나보다는 다른 사람을 먼저 생각하는 것이 배려의 실천 방법이다.

03 기출 그림에서 공통으로 나타난 덕목으로 가장 적절한 것은?

〈쓰레기 줍기〉 〈어르신 도와드리기〉

① 낭비

② 봉사

③ 자연애

④ 통일의지

03

봉사는 배려하는 마음을 바탕으로 다른 사람을 돕는 행동을 말한다.

- A N S W E R -

01. ③ **02.** ① **03.** ②

04 다음 중 봉사하는 사람의 마음가짐으로 볼 수 <u>없는</u> 것은?

① 도움을 받는 사람에게 물질적인 부담을 주지 않는다.
② 당황스러운 일이 생겨도 놀라거나 비판하지 않는다.
③ 복장은 자유롭게 화려한 복장이나 차림도 좋다.
④ 스스로 하는 활동이므로 책임감을 가진다.

05 다음 설명에 해당하는 규범은?

> • 남의 뜻을 받들어 섬기고 국가나 사회를 위하여 헌신적으로 일하는 것
> • 자신에게 이익이 돌아오지 않더라도 남에게 도움을 베푸는 것

① 충성　　　　　② 친절
③ 성실　　　　　④ 봉사

06 봉사를 실천함으로써 변화해 가는 사회의 모습으로 적절한 것은?

① 소외되는 이웃이 줄어든다.
② 서로에 대한 관심이 줄어든다.
③ 도움 받는 사람을 무시하게 된다.
④ 사회 구성원들이 자신의 이익만 추구한다.

04
복장은 자유롭게 입어도 무관하지만, 봉사 장소에 알맞은 복장과 차림을 한다.

05
① 충성 : 국가에 대해 진정에서 우러나오는 정성을 말한다.
② 친절 : 매우 정답고 남을 배려한다.
③ 성실 : 정성스럽고 참되어 거짓이 없다.

06
봉사란 배려하는 마음을 바탕으로 다른 사람을 돕는 행동으로, '인류는 더불어 산다'는 공동체 의식을 가지고 봉사를 실천하면 소외되는 이웃이 점차 줄어들 것이다.

ANSWER
04. ③　05. ④　06. ①

09 아껴 쓰는 우리

(1) 절약의 의미

함부로 쓰지 않고 꼭 필요한 데에만 아껴 쓰는 것이다.

(2) 자원을 아껴 써야 하는 이유

① 자원이 필요할 때 쓸 수 없게 된다.

② 자원을 아껴 쓰지 않고 버리는 자원이 많아지면 쓰레기가 많아져 환경오염이 된다.

③ 소중한 자원이 낭비되지 않게 아껴 써야 한다.

④ 자원이 전부 사용되면 사람이 살 수 없다.

(3) 일상생활에서 나타나는 낭비

① 시간

    ㉠ 아무런 계획 없이 시간을 사용하는 경우

    ㉡ 꼭 해야 하는 일을 미루고 게임을 하는 경우

② 물건

    ㉠ 특별히 문제가 없는 쓸모 있는 물건을 버리고 새로 사는 경우

    ㉡ 물건을 잃어버렸을 때 찾지 않는 경우

    ㉢ 새 물건만 좋아해서 계속 구입하는 경우

    ㉣ 다시 쓸 수 있는 물건을 재활용하지 않고 그냥 버리는 경우

 알아두기

시간은 생명이다!

시간은 돈보다 귀중한 것이다. 돈은 저축할 수 있지만, 한번 지나간 시간은 결코 되돌릴 수 없고, 다른 사람에게서 빌릴 수도 없다. 인생이라는 창고에 얼마만큼의 시간이 남아 있는지 알 수도 없다.

(4) 일상생활에서 물건을 절약할 수 있는 행동

① 쓸데없는 물건은 사지 않고 꼭 필요한 물건만 산다.

② 양치할 때 수돗물을 그냥 틀어 놓지 말고, 컵에 물을 받아서 사용한다.

③ 고장 난 물건은 무조건 새로 사려 하지 말고 일단 고쳐서 쓰도록 한다.

④ 재활용품은 분리수거하여 배출한다.

⑤ 사인펜, 매직, 풀, 본드 등을 사용한 후 뚜껑을 잘 닫아 둔다.

⑥ 사용하지 않는 전기의 콘센트 전원을 끈다.

(5) 일상생활에서 시간을 아껴 쓰는 행동

① 생활계획표를 세워 할 일을 정한다.

② 해야 할 일의 우선순위를 정해서 중요한 일을 먼저 한다.

③ 약속시간을 잘 지킨다.

④ 학교 쉬는 시간이나 이동 시간에 책을 읽는 등 자투리 시간을 활용한다.

아나바다 운동

• 아껴 쓰고, 나눠 쓰고, 바꿔 쓰고, 다시 쓰자의 줄임말이다.

• 물건을 아껴 쓰는 절약을 생활화하자는 운동으로, 돈과 물건을 절약하기 위해 종교 단체와 시민 단체가 중심이 되어 펼쳐졌다.

시간을 잘 이용한 위인들

• 에디슨 : 잠시도 쉬지 않고 연구를 한 발명가

• 퀴리 부인 : 책을 읽는 시간에는 누가 방해하여도 관계하지 않고 책 읽는 시간을 지킨 학자

• 세종 대왕 : 정치와 연구를 위해 밤잠을 덜 주무시며 시간을 아껴 노력하신 임금님

• 이순신 : 나라를 구하기 위해 하루 시간을 쪼개 쓰며 잠시 틈이 나면 부모님께 효도하신 장군

• 시간을 최대한 활용한 예술가 : 안익태, 정명훈 등

• 시간을 아껴 운동 연습을 한 체육인 : 김연아, 박지성, 박태환 등

09 아껴 쓰는 우리

01 절약은 함부로 쓰지 않고 꼭 필요한 데에만 아껴 쓰는 것이다.

02 자원을 아껴 써야 하는 이유
- 자원이 필요할 때 쓸 수 없게 된다.
- 자원을 아껴 쓰지 않고 버리는 자원이 많아지면 쓰레기가 많아져 환경오염이 된다.
- 소중한 자원이 낭비되지 않게 아껴 써야 한다.
- 자원이 전부 사용되면 사람이 살 수 없다.

03 일상생활에서 시간을 아껴 쓰는 행동
- 생활계획표를 세워 할 일을 정한다.
- 해야 할 일의 우선순위를 정해서 중요한 일을 먼저 한다.
- 약속시간을 잘 지킨다.
- 학교 쉬는 시간이나 이동 시간에 책을 읽는 등 자투리 시간을 활용한다.

04 아나바다 운동은 물건을 아껴 쓰는 절약을 생활화하자는 운동으로, 돈과 물건을 절약하기 위해 종교 단체와 시민 단체가 중심이 되어 펼쳐졌다.

01 다음 내용에 해당하는 것은?

> 물건을 아껴 쓰는 절약을 생활화하자는 운동으로, 돈과 물건을 절약하기 위해 종교 단체와 시민 단체가 중심이 되어 펼쳐졌다.

① 차티스트 운동　　② 새마을 운동
③ 아나바다 운동　　④ 인클로저 운동

01

③ 아나바다 운동 : 아껴 쓰고, 나눠 쓰고, 바꿔 쓰고, 다시 쓰자의 줄임말이다.

02 일상생활에서 시간을 아껴 쓰는 행동으로 옳지 <u>않은</u> 것은?

① 숙제는 나중에 하고 게임을 먼저 한다.
② 생활계획표를 세워 할 일을 정한다.
③ 학교 쉬는 시간이나 이동 시간에 책을 읽는 등 자투리 시간을 활용한다.
④ 약속시간을 잘 지킨다.

02

해야 할 일의 우선순위를 정해서 중요한 일을 먼저 한다.

03 일상생활에서 물건을 절약할 수 있는 행동이 <u>아닌</u> 것은?

① 재활용품은 분리수거하여 배출한다.
② 고장 난 물건은 바로 새로 산다.
③ 사용하지 않는 전기의 콘센트 전원을 끈다.
④ 양치할 때 수돗물을 그냥 틀어 놓지 말고, 컵에 물을 받아서 사용한다.

03

② 고장 난 물건은 무조건 새로 사려 하지 말고 일단 고쳐서 쓰도록 한다.

- ANSWER -
01. ③　**02.** ①　**03.** ②

04 일상생활에서 나타나는 낭비의 예로 옳지 <u>않은</u> 것은?

① 아무런 계획 없이 시간을 사용하는 경우

② 새 물건만 좋아해서 계속 구입하는 경우

③ 꼭 해야 하는 일을 미루고 텔레비전을 보는 경우

④ 물건을 잃어버렸을 때 어떻게든 찾으려고 노력하는 경우

04

④ 물건을 잃어버렸을 때 찾지 않는 경우이다.

01 다음 중 공중도덕을 지켜야 하는 이유는?

① 다른 사람들의 생활만을 위해서

② 모두 즐겁게 살기 위해서

③ 지키지 않으면 벌을 받기 때문

④ 나의 이익을 위해서

02 다음 중 공중도덕이 잘 지켜지지 않는다면 발생하는 일은?

① 여러 사람이 불편해진다.

② 생활이 자유롭고 편리해진다.

③ 산업이 발전한다.

④ 공산 사회가 된다.

03 다음 중 가장 올바른 사람은?

① 개인과 가족의 이익을 위하는 사람

② 자신의 이익과 관계되는 일만 하는 사람

③ 개인의 이익보다 공동의 이익을 우선시 하는 사람

④ 자기 멋대로 사는 사람

01

공중도덕이란, 여러 사람의 행복과 이익을 위해 공공장소(여러 사람을 위해 만든 시설이나 장소)를 이용하는 사람들이 지켜야 할 예절과 질서를 말한다.

02

공중도덕 : 사회의 질서를 유지하기 위하여 사람들이 지켜야 할 사회적 규범으로, 어려서부터 몸에 익힌 공중도덕은 성인이 된 뒤의 사회생활에도 중요한 역할을 한다.

03

공공의 이익을 위하는 생활의 가장 중요한 기본 정신은 내가 스스로 모두를 위해 무슨 일이든 실천하겠다는 마음가짐과 행동이다.

※ **공공의 이익을 위하는 생활**

• 가족을 위해 할 일을 찾아 실천한다.

• 마을을 깨끗이 하는 일에 적극 참여한다.

• 학교 물건을 아끼고 불우한 친구를 돕기 위한 일을 찾아 실천한다.

• 고장의 발전과 번영을 위한 일이 무엇인가를 생각하고 찾아서 실천한다.

• 작은 일에서부터 나라 사랑의 마음가짐과 행동으로 실천한다.

ANSWER

01. ② **02.** ① **03.** ③

04 다음 중 일상 생활에서 공정하게 행동해야 하는 까닭이 <u>아닌</u> 것은?

① 나 혼자만 더 잘 살기 위해서

② 인격이 존중되는 사회가 되기 위해서

③ 다른 사람을 배려하기 위해서

④ 명랑한 사회를 만들기 위해서

04
함께 사는 명랑한 사회를 이룩하기 위해서는 공정한 행동과 생활이 필수적이다.

05 다음의 이야기 중 왕에게서 본받아야 할 것은 무엇인가?

> 옛날, 어느 나라에 법을 엄격하게 지키는 왕이 있었다. 그 나라에서는 누구든지 법을 지켜야 했고, 법을 어기면 반드시 벌을 받았다. 그 나라에는 말썽꾸러기 왕자가 있었다. 그는 나쁜 친구들과 어울려 다니며 제멋대로 행동했다. 그러다가 왕자와 친구들은 법을 어기게 되었다. 신하들은 왕자의 친구들은 감옥에 가두었지만, 왕자는 가두지 않았다. 이 사실을 알게 된 왕은 신하들을 불러 심하게 꾸짖고, 법을 어긴 왕자를 감옥에 가두게 하였다. 그 뒤로 그 나라 사람들은 법을 더욱 잘 지켰고, 왕자도 뒤에 훌륭한 왕이 되었다.

① 애국하는 생활   ② 화목한 생활

③ 공정한 생활   ④ 절약하는 생활

05
왕은 왕자도 법을 어겼기 때문에 감옥에 가두었다.
※ 공정한 생활 : 어떤 일을 할 때에 일부 사람이 특별히 억울한 일을 당하거나 부당하게 이익을 얻지 않도록 올바르게 판단하고 이를 실천에 옮기는 생활

06
토의 활동을 할 때의 공정한 태도
• 다른 사람의 처지를 이해하려고 한다.
• 자기의 주장을 그 이유와 함께 충분히 설명한다.
• 다른 사람의 의견을 잘 들어 준다.
• 다른 사람 의견을 듣고, 잘못된 것은 상대가 불쾌하지 않게 부드러운 말투로 지적한다.
• 상대방을 무시하는 말을 해서는 안 된다.
• 내 주장이 잘못되었으면 과감하고 솔직하게 바꾼다.
• 표결을 할 때는 감정에 치우치지 않고 냉정하고 공정하게 판단한다.
• 다수결로 결정된 의견을 존중하고 따른다.
• 소수의 의견도 무시하지 않고 존중한다.

06 다음 중 토의 활동을 할 때 공정한 태도로 옳지 <u>않은</u> 것은?

① 소수의 의견을 무시한다.

② 자기 주장만 내세우지 않는다.

③ 찬성과 반대 의견을 분명히 한다.

④ 모두를 위해 유익한 의견에 찬성한다.

A N S W E R

04. ①   **05.** ③   **06.** ①

07 환경 보전 내용이 <u>아닌</u> 것은?

① 과자 봉지 버리지 않기

② 세제 많이 쓰기

③ 쓰레기 분리수거 잘 하기

④ 음식 남기지 않기

08 다음 중 배려에 대한 설명으로 가장 알맞은 것은?

① 다른 사람을 보살펴 주려는 마음만 갖는 것이 배려이다.

② 다른 사람을 보살피고 도움을 주기 위해 노력하고 실천하는 것이 배려이다.

③ 나에게 배려를 하지 않는 사람에게는 똑같이 배려할 필요가 없다.

④ 항상 나의 입장에서 먼저 생각해야 한다.

09 어떤 일을 할 때 억울하거나 부당한 이익을 받는 일이 없도록 올바르게 판단하고 실천하는 행동을 무엇이라고 하는가?

① 정직한 태도   ② 자주적인 태도

③ 공정한 태도   ④ 성실한 태도

07

환경 보전을 하기 위해서 개인이 할 수 있는 일

• 샴푸나 세제를 쓰지 않는다.

• 장바구니를 들고 다닌다.

• 종이를 아껴서 쓰고, 전기를 절약한다.

• 쌀뜨물은 그냥 버리지 말고 화초에 물을 준다.

• 일회용품은 되도록 쓰지 않는다.

• 환경마크, 재활용마크가 붙어있는 제품을 산다.

• 음식물 쓰레기는 최대한 부피를 줄여서 물기를 뺀 후에 배출한다.

08

배려는 단순히 마음만 갖는 것을 말하지 않고, 실천의 의미를 가지고 있다.

09

공정한 태도

• 어떤 일을 할 때에 일부 사람이 특별히 억울한 일을 당하거나 부당하게 이익을 얻지 않도록 올바르게 판단하고, 이를 실천에 옮기는 태도

• 함께 사는 명랑한 사회를 이룩하기 위해서는 공정한 태도가 반드시 필요하다.

ANSWER

07. ②   08. ②   09. ③

10 다음 도덕과 관련 있는 덕목에 대해 설명한 것으로 옳지 <u>않은</u> 것은?

① 근면 – 부지런히 힘쓰며 꾸준히 맡은 일을 하는 것

② 실천 – 정도를 넘지 않도록 알맞게 조절하거나 제어하는 것

③ 성실 – 어떤 일에 목적을 정해두고 정성과 최선을 다하는 것

④ 정직 – 사람이나 사람의 성품, 마음 따위가 거짓이 없고, 바르고 곧은 것

10
정도를 넘지 않도록 알맞게 조절하거나 제어하는 것은 '절제'이다.

11 합성 세제나 샴푸를 사용하지 <u>않아야</u> 하는 까닭은?

① 수질오염을 막기 위해서

② 매연을 줄이기 위해서

③ 공기의 오염을 막기 위해서

④ 건축물들의 부실을 막기 위해서

11
합성 세제나 샴푸는 미생물에 의해서 잘 분해되지 않아 수질오염의 주범이 되고 있을 뿐 아니라 물속으로 통과하는 빛을 가로막아 수생식물의 광합성을 해치고 산소공급을 차단해 하천의 자정 능력을 현저히 저하시킨다.

12 공중화장실을 이용할 때, 지켜야 할 예절은?

① 침은 바닥에 뱉는다.

② 용변 후에는 반드시 물을 내린다.

③ 휴지는 될 수 있는 한 많이 사용한다.

④ 물을 아끼기 위하여 손은 씻지 않는다.

12
① 침은 바닥에 뱉지 않는다.
③ 휴지는 필요한 만큼만 사용한다.
④ 물은 아껴 쓰고, 손을 깨끗이 씻어야 한다.

A N S W E R

10. ② **11.** ① **12.** ②

13 인권을 보호하기 위한 노력과 거리가 먼 것은?

① 장애인을 위한 시설물을 설치한다.

② 홀로 사는 노인들을 위해 생활비를 지원한다.

③ 외국인 근로자를 차별 대우한다.

④ 노숙인 쉼터를 만든다.

13
인권 교육 활동으로 다문화가족에 대한 편견을 없애고 문화의 다양성을 존중하도록 한다.

14 자신의 이익과 다른 사람의 이익을 잘 조화시키려면 어떻게 하여야 하는가?

① 마음에 안 들면 도중에 포기한다.

② 서로 양보하고 도와준다.

③ 자신의 이익을 먼저 생각한다.

④ 다른 사람의 의견에 따른다.

14
자신의 이익과 다른 사람의 이익을 잘 조화시키려면 서로 양보하고 도와준다.

15 다음 중 인터넷 게임 중독의 증상으로 잘못된 것은?

① 식사를 거르게 된다.

② 온통 게임 생각으로 현실과 게임 공간을 구분하기 힘들다.

③ 성격이 침착해진다.

④ 건강이 악화된다.

15
인터넷 게임의 폭력성 등의 영향으로 성격이 거칠어지게 된다.

A N S W E R

13. ③ **14.** ② **15.** ③

16 건전한 사이버 공간을 만들기 위해 우리가 실천할 행동으로 옳지 않은 것은?

① 개인 정보가 유출되면 다른 사람에게 알리지 않고 혼자 해결한다.

② 사이버 공간에서 서로 돕고 사는 사람들의 감동적인 사례를 찾는다.

③ 무료로 공유하는 곳에서 자료를 가져올 때는 꼭 감사 댓글을 단다.

④ 자신의 정보를 소중히 관리한다.

17 좋은 사회의 조건으로 적당하지 않은 것은?

① 책임과 의무보다는 자신의 권리를 주장한다.

② 개인의 이익보다는 공공의 이익을 앞세운다.

③ 올바르고 의롭게 행동한다.

④ 가족을 사랑하고 친지나 이웃과 화목하게 지낸다.

18 일상에서 나타나는 비도덕적인 행동으로 옳지 않은 것은?

① 선희는 학교에 지각하지 않으려고 신호를 지키지 않고 무단횡단을 하였다.

② 민수는 숙제를 못했지만 친구가 한 숙제를 베끼지 않았다.

③ 영호는 늦잠을 자느라 친구와 만나기로 한 약속을 지키지 않았다.

④ 수지는 수업시간에 선생님 몰래 옆에 앉은 지영이와 떠들고 장난을 쳤다.

16 자신의 정보가 유출되었다 생각되면 재빨리 관련 기관에 신고하도록 한다.

17 자신의 권리보다는 책임과 의무를 다하도록 한다.

18 ② 숙제를 자기가 하지 않고 친구가 한 숙제를 베끼는 행동은 비도덕적인 행동이다.

ANSWER
16. ① 17. ① 18. ②

19 공중도덕을 잘 지키기 위한 마음가짐으로 바른 것은?

① 다른 사람의 입장을 생각할 필요가 없다.

② 여러 사람의 이익을 먼저 생각한다.

③ 자기에게 유리한 것만 생각한다.

④ 공중도덕을 지킬 필요가 없다.

19

공중도덕을 잘 지키기 위해서는 나보다 여러 사람의 이익을 먼저 생각해야 한다.

20 공정하게 행동하는 것이 힘든 까닭은 무엇인가?

① 다른 사람이 보아 옳게 행동해야 하므로

② 공정하게 행동해도 아무도 알아주지 않으므로

③ 친한 친구가 이기도록 해 주어야 하므로

④ 경기에서 양쪽 모두 이기게 해 주어야 하므로

20

공정이란 누구에게나 공평하고 올바른 것이다.

21 교실에서 남을 방해하거나 자기 고집대로 하면 어떤 문제가 발생하는가?

① 공부하는 분위기를 해친다.

② 친구 사이가 더욱 친해진다.

③ 교실 분위기가 밝아진다.

④ 친구 사이에 믿음이 생긴다.

21

교실은 공동 생활을 하는 곳이므로, 다른 사람에게 피해가 가지 않도록 도와가며 생활한다.

A N S W E R

19. ② **20.** ① **21.** ①

22 과학자의 연구 결과는 개인의 명예나 부를 위한 수단으로 이용되어서는 안 된다는 생각을 갖고 아무런 대가 없이 라듐 제조법을 과학계에 발표하여 공공의 이익을 위한 생활을 실천한 인물은?

① 아인슈타인 　　② 공병우

③ 슈바이처 　　　④ 퀴리 부부

23 다음 중 인터넷 실명제에 관한 장단점의 내용으로 옳지 않은 것은?

① 개인 정보를 침해할 우려가 있다.

② 인터넷을 이용하는 사람들은 책임감을 가지고 글을 쓰게 되며, 사이트를 운영하는 사람들도 건전한 인터넷 공간이 조성되도록 효과적으로 관리할 수 있다.

③ 익명성을 이용하여 다른 사람에게 악성 댓글을 함부로 다는 것을 방지할 수 있다.

④ 인터넷 실명제를 한다고 해도 사이버 범죄를 줄일 수는 없다.

24 다음 중 공정한 판단을 위해 필요한 것이 아닌 것은?

① 기분에 따라 마음대로 판단한다.

② 개인적인 이익을 생각하지 말아야 한다.

③ 옳고 그름을 올바로 볼 줄 알아야 한다.

④ 문제를 판단하는 기준을 알아야 한다.

25 다음 중 공중도덕을 잘 지킬 때의 좋은 점이 <u>아닌</u> 것은?

① 밝고 명랑한 사회를 만들 수 있다.

② 안전하게 시설을 이용할 수 있다.

③ 다른 사람에게 피해를 준다.

④ 다른 사람을 배려할 수 있다.

26 다음 중 공정한 행동에 해당되는 것은?

① 여럿이 주장하는 일이라고 무조건 따라 하는 일

② 모든 일에 이익을 생각하지 않고 동등하게 대하는 일

③ 친한 친구 사이라고 무조건 편을 들어주는 일

④ 자기편 의견을 무조건 주장하는 일

27 다음 중 사이버 공간에서 지켜야 할 예절로 옳은 것은?

① 불법으로 음악을 내려 받아 사용한다.

② 지나가는 사람의 사진을 찍어 허락 없이 인터넷에 올린다.

③ 바르고 고운 언어를 사용한다.

④ 친구의 아이디와 비밀번호를 몰래 사용한다.

25

공중도덕을 잘 지켜야 하는 이유

• 밝고 명랑한 사회를 만들 수 있다.

• 여러 사람이 편리한 생활을 할 수 있다.

26

공정의 의미

• 공평하고 옳은 것

• 올바르고 정의로운 것

• 각자에게 그의 몫을 주는 것

• 모두에게 동등하게 기회를 주는 것

• 자신이 노력한 만큼의 대가를 받는 것

27

① 불법으로 음악을 내려 받으면 안 된다.

② 다른 사람의 사진을 찍어 허락 없이 인터넷에 올리면 안 된다.

④ 다른 사람의 아이디와 비밀번호를 사용하면 안 된다.

ⒶⓃⓈⓦⒺⓡ

25. ③ **26.** ② **27.** ③

Chapter 04

자연과 국가

04 자연과 국가

남북한의 분단과 아픔, 진정한 통일의 의미, 통일을 이루기 위한 방법, 바람직한 통일의 과정, 남북한 사람들의 갈등, 통일 과정에서 필요한 것, 통일된 우리나라의 미래 모습에 대한 내용을 이해하고 제대로 파악해야 한다. 문화의 의미와 다양성, 문화를 바라보는 바람직한 태도, 다문화 사회에서의 올바른 태도, 타 문화에 대한 편견 극복, 우리 문화와 세계 문화, 지구촌 문제의 원인과 해결방안, 지구촌 평화 활동에 관한 문제도 잘 정리하여 반드시 학습해야 한다.

01 하나이면서 둘

(1) 남북한의 분단과 아픔

① 분단이 된 이유

㉠ 1945년 8월 15일 일본 독재에서 해방 후 광복을 맞이했다.

㉡ 새 나라를 만드는 것에 대해 남북이 하나 된 나라를 세우자는 의견에 북한이 반대를 하여 남과 북으로 갈라져 각각의 정부를 수립하게 되었다.

㉢ 북한이 남한을 힘으로 빼앗고자 6·25 전쟁을 일으켰다.

㉣ 휴전 협정으로 전쟁은 멈추었지만, 이 전쟁으로 인해 한반도는 심각한 피해를 입었고 남북으로 분단되었다.

② 분단으로 인한 아픔과 어려움

㉠ 남북한이 자유롭게 오고 가지 못하고 있다.

㉡ 남북한의 문화와 생활방식에 차이가 크다.

㉢ 이산가족을 만날 수 없어 그리움 속에 살고 있다.

㉣ 전쟁의 위협 속에서 살며 불안을 느낀다.

북녘 땅을 자유롭게 다닐 수 없는 까닭

• 영토가 둘로 갈라졌다.
• 온 국민의 소원이 남북통일이면서도 실제적으로는 잘 이루어지지 않고 있다.

③ 남한과 북한의 분단을 나타내는 것

　　㉠ 판문점 공동경비구역 : 한국전쟁의 정전 협상이 진행된 곳으로 남한과 북한이 공동으로 경비하는 휴전선 부근 지역이다.

　　㉡ 군사분계선 : 한반도의 남북을 분단하여 남한과 북한의 경계를 이루는 지도상의 선을 말한다.

(2) 진정한 통일의 의미

① 통일의 종류

　　㉠ 영토의 통일 : 서로의 땅을 통일하여 사람들이 자유롭게 왕래하게 되는 것

　　㉡ 제도의 통일 : 나라를 운영하고 사회생활을 하는 방식에 있어 통일을 이루는 것

　　㉢ 사람의 통일 : 사람들의 마음을 하나로 통일하여 서로 화합하고 돕는 것

② 통일의 의미

　　㉠ 통일은 어느 한쪽의 일방적인 흡수나 단순한 결합이 아니다.

　　㉡ 서로의 이해와 관용, 양보와 헌신, 희생으로 이루어지는 것이다.

 알아두기

진정한 의미의 통일

• 남한과 북한 사람들의 서로 다른 생각과 가치관을 잘 조화시키는 것
• 서로의 생활 방식을 맞추어 가면서 진정한 마음으로 하나가 되는 것

(3) 북한 동포들의 생활 모습

가정	• 대부분의 여성들이 아기를 탁아소에 맡기고 직장 생활을 한다. • 저녁 시간이 되면 가족들이 함께 모여 식사하면서 대화한다.
학교	• 아침 7시에 집 주변 일정한 장소에 모여 행진하며 등교한다. • 소학교 4년을 졸업한 후 중학교에 진학한다.
의식주	• 옥수수, 감자 위주의 식생활을 하며, 국가가 신분에 따라 정해 준 주택을 이용하지만 소유할 수는 없다. • 평양에서는 양장이나 양복을, 지방에서는 점퍼를 주로 입는다.
직업관	• 남학생들은 대부분 군대에 가려고 한다. • 여학생들은 의사, 간호사, 교사 같은 전문직을 원한다.
여가	저녁을 먹고 난 후 남자의 경우 집 수리 등을 하거나 이웃들과 시간을 보내며, 여자의 경우 빨래와 청소를 한 후 장사를 나가는 경우가 많다. 농장원들은 텃밭을 가꾸고 산에서 땔감을 마련하기도 한다.

(4) 남한과 북한이 하나가 되기 위해 필요한 노력

① 남과 북의 동질성은 더욱 발전시키고 이질성은 극복하도록 노력해야 한다.

② 한글, 가족애, 효도 등의 전통문화를 계승해 나가야 한다.

③ 다른 말, 다른 생각들을 하나가 되도록 맞추어 나가야 한다.

(5) 통일을 이루기 위한 마음가짐

① 통일은 '나의 문제'라는 생각을 가지고 적극적으로 참여한다.

② 남한과 북한 사이에는 해결해야 할 여러 가지 문제가 있지만, 열린 마음으로 북한을 바라보는 마음가짐이 필요하다.

③ 통일이 된 후 세계로 뻗어나갈 우리나라의 미래를 그리며, 통일을 이루기 위해 강한 의지를 가지고 노력한다.

> **바릅로 확인 »**
>
> 평화 통일을 위한 명은이의 다짐으로 적절치 <u>못한</u> 것은?
> ❶ 북한 어린이는 가난하니까 무시하겠다.
> ② 북한 동포들을 돕는 일에 앞장서겠다.
> ③ 우리는 한 민족임을 잊지 않겠다.
> ④ 북한을 바르게 이해하도록 노력하겠다.

④ 남한과 북한은 오랜 세월 분단 상태로 지냈기 때문에, 가치관과 언어, 생활 양식 등이 많이 달라졌다. 따라서 차이를 인정하고 상대방을 이해하려는 노력이 필요하다.

⑤ 북한을 탈출하여 우리나라에 살고 있는 새터민이 증가하고 있다. 새터민이 우리나라에 잘 적응할 수 있도록 도움을 주는 것은 통일을 위한 노력 중 하나이다.

(6) 남북 분단으로 인한 고통과 평화 통일을 이루어야 하는 까닭

① 이산가족의 고통

우리나라는 6·25 전쟁 이후 남북의 개인적인 왕래가 금지되어 있다. 이에 따라 하나의 나라로 자유롭게 왕래하던 남과 북의 많은 가족들이 서로 만나지 못하고 오랜 시간 동안 가족을 그리워하며 슬픔 속에 살아가고 있다.

② 문화의 이질화

남과 북이 서로 왕래를 하지 않고 긴 시간이 흐르는 동안 서로의 문화가 달라지고 있으며 서로를 이해하지 못하는 일이 생겨나고 있다.

③ 언어의 이질화

남과 북이 서로 대화를 하지 않고 지내는 동안 서로 다른 언어로 변화하여, 사용하는 말과 국어의 문법 등이 달라져 의사 소통이 어려워지고 있다.

④ 전쟁의 위협

6·25 전쟁 이후 우리 민족은 전쟁의 걱정 속에 살아가고 있으며 이는 세계 평화에도 위협이 되고 있다.

⑤ 국방비의 낭비

현재 남과 북이 대치 상황에 있으므로, 국방비에 많은 예산을 지원하여 국가적인 낭비가 되고 있다.

(7) 통일을 이루기 위한 방법

① 꾸준한 대화

남한과 북한의 정상과 고위급 관리들은 통일을 위해서 꾸준히 대화를 하고, 통일 방법을 의논하며, 합의점을 찾아내야 한다.

② 지속적인 교류

남한과 북한은 서로 달라진 문화와 언어 등을 조화롭게 만들기 위하여 지속적으로 교류를 하며 서로를 이해할 수 있도록 해야 한다.

③ 물자의 지원

오늘날 북한은 경제적으로 낙후하여 국제 사회의 지원을 받을 정도로 어려움을 겪고 있다. 이에 남한 정부와 인도주의적인 단체들은 북한에 식량과 비료 등을 지원하여 돕고 있다.

④ 남한과 북한의 통일 방안의 공통점 지향

남한과 북한은 서로 다른 방법으로 통일을 이루려 하지만 그중에는 서로가 지향하는 공통점이 있다. 이러한 공통점을 찾아서 더욱 발전시켜 통일에 대한 방법을 구체화해야 한다.

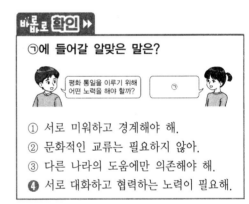

바름로 확인 ▶▶

㉠에 들어갈 알맞은 말은?

평화 통일을 이루기 위해 어떤 노력을 해야 할까? ㉠

① 서로 미워하고 경계해야 해.
② 문화적인 교류는 필요하지 않아.
③ 다른 나라의 도움에만 의존해야 해.
❹ 서로 대화하고 협력하는 노력이 필요해.

⑤ 국제 사회의 협력

남한과 북한은 원래 하나의 민족이 하나의 나라를 이루고 살던 것이 분단된 것이므로 국제 사회에서 우리의 이익을 대변하는 일에 있어서는 서로 협력하며 도와야 한다.

더 알아두기

통일을 이루기 위한 좋은 방법

• 남북이 문화교류를 한다.
• 남북이 한 민족이라는 생각을 가진다.
• 남북이 경쟁하기보다는 서로를 이해한다.
• 남북이 만날 수 있는 기회를 자주 가진다.

01 하나이면서 둘

01 남북한 분단으로 인한 아픔과 어려움
- 남북한이 자유롭게 오고 가지 못하고 있다.
- 남북한의 문화와 생활방식에 차이가 크다.
- 이산가족을 만날 수 없어 그리움 속에 살고 있다.
- 전쟁의 위협 속에서 살며 불안을 느낀다.

02 판문점 공동경비구역은 한국전쟁의 정전 협상이 진행된 곳으로 남한과 북한이
공동으로 경비하는 휴전선 부근 지역이다.

03 군사분계선은 한반도의 남북을 분단하여 남한과 북한의 경계를 이루는 지도상의
선을 말한다.

04 남북 분단으로 인한 고통과 평화 통일을 이루어야 하는 까닭
- 이산가족의 고통   · 문화의 이질화
- 언어의 이질화   · 전쟁의 위협
- 국방비의 낭비

05 통일을 이루기 위한 좋은 방법
- 남북이 문화교류를 한다.
- 남북이 한 민족이라는 생각을 가진다.
- 남북이 경쟁하기보다는 서로를 이해한다.
- 남북이 만날 수 있는 기회를 자주 가진다.

01 다음 중 북한 동포들의 생활에 대한 설명으로 옳지 <u>않은</u> 것은?

① 여성들은 탁아소에 아이를 맡기고 직장 생활을 한다.

② 가정에 필요한 물품을 국가에서 배급받는다.

③ 자녀의 교육을 위해 학원이 많은 곳으로 이사를 간다.

④ 저녁 시간이 되면 가족들이 함께 모여 식사한다.

01
북한에서는 신분에 따라 주택을 정해 주기 때문에 거주 이전의 자유가 허락되지 않는다.

02 다음 중 북한에서 온 사람들이 남한 생활에 잘 적응하도록 도와줘야 할 점이 <u>아닌</u> 것은?

① 그들을 이해하고 따뜻한 위로와 격려의 마음을 보여준다.

② 서로 생활이 많이 다르므로, 부딪히지 않기 위해 북한에서 온 사람들끼리만 어울리도록 한다.

③ 서로 다른 언어는 잘 이해하고 바르게 고쳐 준다.

④ 북한말에 대해 미리 알아 둔다.

02
새터민이 우리나라에 잘 적응할 수 있도록 도움을 주어야 한다.

03 다음 설명에 해당하는 것은?
기출

> • 이산가족들이 만나서 함께 살 수 있다.
> • 남북한 주민이 자유롭게 왕래할 수 있다.

① 단절 　　　　② 분단

③ 중단 　　　　④ 통일

03
평화 통일이 되면 남북 간의 전쟁 위험이 사라지며 헤어졌던 이산가족이 다시 만나 함께 살 수 있고, 남북한 주민이 자유롭게 왕래할 수 있다.

ANSWER
01. ③ **02.** ② **03.** ④

04 다음 중 북한에서 온 사람들이 겪는 어려움으로 볼 수 없는 것은?

① 날씨 변화에 대한 적응

② 북한에 두고 온 가족에 대한 그리움

③ 편견과 차별

④ 언어 차이로 인한 의사소통 문제

04
남한과 북한의 기후는 비슷하다.

05 다음 중 진정한 의미의 통일이 아닌 것은?

① 남한을 중심으로 북한을 흡수하는 통일

② 서로의 생활 방식을 맞추어 나가는 통일

③ 남과 북의 서로 다른 가치관을 잘 조화시키는 통일

④ 주민들 간의 이해와 관용이 바탕이 되는 통일

05
진정한 의미의 통일은 한쪽의 일방적인 흡수나 결합이 아니다.

06 북한 사람들을 대하는 올바른 자세로 틀린 것은?

① 북한 사람의 감정을 이해하려고 노력한다.

② 북한 사람을 차별하지 않는다.

③ 북한 사람들과 올바르게 소통하는 방법을 알고 실천한다.

④ 북한 사람의 속마음은 헤아리지 않아도 된다.

06
북한 동포들의 생각과 생활을 잘 이해하고 배려한다.

ANSWER
04. ① **05.** ① **06.** ④

02 통일 한국의 모습

1 바람직한 통일의 과정

(1) 통일을 이루어야 하는 이유

① 본래 하나의 나라였기 때문에 통일을 통해 다시 하나가 되어야 한다.

② 이산가족이 하루 빨리 다시 만날 수 있어야 한다.

③ 인구가 늘어가 국력이 증대될 수 있다.

④ 서로 다른 남북한 간의 언어와 문화의 차이를 줄일 수 있다.

⑤ 많은 국방비를 줄일 수 있다.

용어설명 통일의 의미
- 서로 나누어져 있는 것을 합쳐 하나로 만드는 것
- 분단되어 있던 남북한이 합쳐 하나의 큰 나라가 되는 것

(2) 바람직한 통일의 과정

① 북한의 자원과 우리의 기술이 만나면 부자가 될 것이고, 그러다 보면 자연스럽게 통일을 이룰 것이다.

② 경제 협력을 통해 통일을 준비한다.

③ 남북 회담을 통해 평화적으로 통일을 이루도록 한다.

> **바로 확인**
>
> 다음 중 바람직한 통일 한국의 모습으로 가장 적절한 것은?
> ① 모두가 불행한 나라
> ② 사람을 무시하는 나라
> ③ 대통령만 주인이 되는 나라
> ❹ 풍부한 문화를 꽃 피우는 나라

(3) 통일을 이루는 방법

① 통일은 우리 힘으로 이룬다. → 자주적인 통일

② 통일은 남과 북의 대화와 협력을 통해 평화적으로 이루어져야 한다.
→ 평화적인 통일

③ 통일은 차근차근 추진해야 한다. → 점진적인 통일

④ 통일은 이웃 나라들과 함께 발전할 수 있도록 한다.
→ 주변국의 협조, 세계 공동 번영에 기여하는 통일

(4) 통일 한국을 실현하기 위해 갖추어야 할 자세

① 통일 한국은 모두가 주인이 되는 나라가 되어야 한다.

② 통일 한국은 더불어 잘사는 나라가 되어야 한다.

③ 통일 한국은 모든 사람이 화합하는 나라가 되어야 한다.

④ 통일 한국은 세계 평화에 기여하는 나라가 되어야 한다.

2 하나하나 차근차근

(1) 남북한 사람들의 갈등

※ 통일로 가는 길 : 대화 → 문화 → 교류 → 사랑 → 통일

(2) 남북한 사람들이 서로 갈등을 일으키는 것에 대한 생각

① 북한에서는 개인보다 전체를 중요하게 생각하고, 남한에서는 개인의 능력과 일의 효율성을 중요하게 생각한다.

② 긴 분단의 세월 동안 왕래가 거의 없었음을 볼 때, 당연한 결과로 갈등을 받아들여야 한다.

③ 남과 북의 갈등은 서로의 노력을 통해 극복해야 한다.

평화 통일을 이루어야 하는 까닭

- **국민과 나라가 입는 피해를 줄이기 위해서이다.**
  전쟁으로 인한 통일은 인명과 사회 기반 시설에 피해를 가져와, 국민들의 마음에 깊은 상처를 주게 된다.

- **국제 사회의 평화를 위해서이다.**
  한 나라에서 전쟁이 일어나면 다른 나라에도 영향을 끼치게 된다. 또한 이는 세계 평화에 위협이 되기 때문에 온 인류가 평화롭게 살기 위해서는 평화 통일을 이루어야 한다.

- **우리 민족이 평화롭게 살아가기 위해서이다.**
  평화 통일을 이루면 헤어져 살던 우리 민족이 하나의 땅에서 서로 어울리며 행복하게 살아갈 수 있기 때문이다.

(3) 통일 과정에서 필요한 것

① **분단 비용** : 남북 분단이 계속되면서 발생하는 비용으로, 분단이 되지 않았으면 치르지 않아도 될 비용이다.

   ㉠ 막대한 국방비 : 남북한이 군사적 대치 상태에 있기 때문에 군대를 운영하고 무기를 구입하는 데 많은 비용을 쓰고 있다.

   ㉡ 국가 신용도 하락 : 다른 국가에서 우리나라를 위험 지역으로 생각하여 관광이나 투자를 유치할 때 어려움이 생길 수 있디.

   ㉢ 경제적 손실 : 북한의 풍부한 지하자원을 활용하지 못하는 등 경제적 손실이 발생한다.

② **통일 비용** : 남한과 북한이 통일된 후 안정된 상태에 이르기까지 소요되는 비용이다.

   ㉠ 준비 비용 : 통일을 준비하는 과정에서 발생하는 비용이다.

   ㉡ 통합 비용 : 통일 이후 서로 다른 남북한의 제도와 문화 등을 통합시키기 위하여 들어가는 비용이다.

   ㉢ 경제 개발 비용 : 남한의 1970년대 수준인 북한의 경제를 일정 수준으로 끌어올리는데 소요되는 비용 등이 포함된다.

통일 과정에 필요한 것

• 통일 비용 : 남과 북이 통일을 이루기 위해 필요한 비용 ⓓ 갈등 해결, 경제 재건, 제도의 마련, 사회 복지 비용 등
• 분단 비용 : 남과 북이 갈라져 서로 대립하고 있음으로써 치러야 하는 비용 ⓓ 국방비, 이산가족의 슬픔, 불필요한 남과 북의 경쟁 등

(4) 통일 이후 남북한 사람들이 겪을 수 있는 갈등의 종류

① 언어 차이 : 북한 친구는 그동안 남한에서 아이스크림이라 부른 것에 대해 외래어를 너무 많이 써서 한글이 오염되었다고 말하고, 남한 친구는 그동안 북한에서 얼음보숭이라 불렸던 것을 두고 촌스럽고 이상하다며 놀릴 수 있다.

② 문화 차이 : 남한 출신 학생들은 비교적 키가 크고 외모를 꾸미는 데 신경을 쓰는 반면에, 북한 출신 학생들은 대부분 키가 자그마하고 수수한 옷차림을 하는 것을 두고 서로 비교하며 끼리끼리 나누어 흉을 볼 수 있다.

> **바로바로 확인 ▶▶**
> **통일 이후 달라질 우리의 생활 모습으로 가장 적절한 것은?**
> ① 이산가족이 많아진다.
> ② 국토는 좁아지고 인구는 감소한다.
> ❸ 남북한 주민들이 자유롭게 왕래한다.
> ④ 휴전선이 사라지고 남북 간의 전쟁 위험이 높아진다.

(5) 남북 학생 사이의 갈등 해결 방법 사례

① 언어 차이 해결 방법

통일이 되어도 그동안 남북 학생들이 각자 써 왔던 언어를 단번에 고치기는 어렵다. 따라서 남한과 북한말을 흥미롭게 여기고 서로 관심을 가지도록 한다.

② 문화 차이 해결 방법

북한 친구들은 남한 친구들의 자유분방하고 개성을 추구하는 모습을, 남한 친구들은 북한 친구들의 순수한 모습을 존중하며 함께 어울린다.

3 통일 한국, 번영의 길

(1) 통일된 우리나라의 미래 모습

① 남북한 인구가 7천만 명이 넘게 된다.

② 남한의 기술과 북한의 자원이 합쳐져 선진국과 어깨를 나란히 하는 부자 나라가 된다.

③ 모두가 존중받는 사회가 되고, 문화와 예술이 크게 발전한다.

(2) 통일 한국을 실현하기 위해 갖추어야 할 자세

① 강제함이 없는 나라, 국민의 생각과 언론의 자유를 허락하는 나라가 되어야 한다.

② 우리의 가족, 이웃, 국민들 모두가 잘살기 위한 자유가 있는 나라가 되어야 한다.

③ 미워하는 마음을 버리고 화합을 위해 힘써 언제나 따뜻한 마음만이 가득해야 한다.

④ 진정한 세계의 평화가 우리나라에서, 우리로 말미암아 세계 속에서 실현되어야 한다.

통일이 되면 달라질 우리나라의 모습

- 휴전선이 사라진다 → 자유로운 왕래
- 이산가족이 만난다 → 더불어 사는 행복한 생활
- 전쟁이 없어진다 → 영원한 평화를 누림

02 통일 한국의 모습

01 통일을 이루는 방법

- 우리 힘으로 이룸 → 자주적인 통일
- 남과 북의 대화와 협력을 통해 평화적으로 이루어져야 함 → 평화적인 통일
- 차근차근 추진해야 함 → 점진적인 통일
- 이웃 나라들과 함께 발전할 수 있도록 함 → 주변국의 협조, 세계 공동 번영에 기여하는 통일

02 통일 한국을 실현하기 위해 갖추어야 할 자세

- 모두가 주인이 되는 나라가 되어야 한다.
- 더불어 잘사는 나라가 되어야 한다.
- 모든 사람이 화합하는 나라가 되어야 한다.
- 세계 평화에 기여하는 나라가 되어야 한다.

03 분단 비용은 남과 북이 갈라져 서로 대립하고 있음으로써 치러야 하는 비용이다.

04 통일 비용이란 남한과 북한이 통일된 후 안정된 상태에 이르기까지 소요되는 비용이다.

05 통일이 되면 달라질 우리나라의 모습

- 휴전선이 사라진다 → 자유로운 왕래
- 이산가족이 만난다 → 더불어 사는 행복한 생활
- 전쟁이 없어진다 → 영원한 평화를 누림

01 우리나라가 통일이 되면 일어날 수 있는 문제점은?

기출
① 문화의 차이로 갈등을 겪게 된다.
② 학문, 기술, 정보 등을 교환할 수 있다.
③ 남북한 주민들이 자유롭게 왕래하게 된다.
④ 남북한이 함께 경기를 하며 즐길 수 있다.

01
통일 이후 남북한 문화 차이 : 남한 출신 학생들은 비교적 키가 크고 외모를 꾸미는 데 신경을 쓰는 반면에, 북한 출신 학생들은 대부분 키가 자그마하고 수수한 옷차림을 하는 것을 두고 서로 비교하며 끼리끼리 나누어 흉을 볼 수 있다.

02 남북의 통일을 저해하는 원인은 무엇인가?

① 남북의 사상이 서로 다른 점
② 남북 국민들의 빈부의 차가 큰 점
③ 남북의 생활 습관이 다른 점
④ 단일 민족이라는 점

02
남북의 사상이 서로 달라 남북의 통일을 저해하는 요인이 될 수 있다.

03 평화통일을 준비하는 자세로 바르지 <u>않은</u> 것은?

기출
① 이산가족을 위로한다.
② 새터민과는 거리를 둔다.
③ 북한의 말을 이해한다.
④ 북한 동포를 돕는 일에 참여한다.

03
② 새터민이 우리나라에 잘 적응할 수 있도록 도움을 주는 것은 통일을 위한 노력 중 하나이다.

ANSWER
01. ① **02.** ① **03.** ②

04 우리가 원하는 통일은?

① 남북의 평화적 통일

② 북한의 의사를 무시한 통일

③ 핵무기를 사용한 통일

④ 강대국의 결정에 따르는 통일

전쟁은 비극이므로 다시는 전쟁이 일어나서는 안 된다. 따라서 남북통일은 평화스럽게 이루어져야 한다.

05 다음 중 남북한의 가장 큰 차이점은?

① 예술 활동이 인정되고 안 되는 점

② 식량 사정이 좋고 나쁜 점

③ 개인의 자유가 있고 없는 점

④ 경제적 여유가 있고 없는 점

남한은 민주주의로서 개인의 자유가 보장되지만 북한은 그렇지 못하다.

ANSWER

04. ① **05.** ③

03 함께 꿈꾸는 무지개 세상

1 문화

(1) 문화의 의미

① 넓은 의미의 문화

ㄱ 인간이 인위적으로 만들어 낸 생활 방식의 총체

ㄴ 자연 상태에서 벗어나 삶의 목적이나 이상을 실현하고자 사회 구성원에 의해 습득·공유·전달되는 생활양식

ㄷ 의식주를 비롯하여 언어, 풍습, 종교, 학문, 예술, 제도 등을 포함

② 좁은 의미의 문화 : 수준 높은 교양을 갖추기 위한 학문, 예술 등

(2) 문화의 다양성

① 문화의 보편성 : 모든 인간 사회에서 나타나는 보편적인 문화 현상이다.

예 의식주, 관혼상제, 언어 사용 등

② 문화의 다양성 : 문화는 사회나 시대에 따라 다양한 모습으로 나타난다.

예 사회마다 다양한 언어, 주택, 의복, 음식 등

③ 문화가 다양한 이유

ㄱ 환경 및 상황의 차이 : 각 사회는 서로 다른 환경과 역사적 경험에 적응해 가면서 독특한 생활 방식을 만들어 간다.

 알아두기

타 문화를 이해하는 태도

• 한 사회의 문화는 나름대로 가치와 의미를 가지고 형성된 것으로 모두 존재의 이유가 있다.

• 각 문화의 배경이나 그 문화가 공동체에서 받아들여지는 의미를 이해한다.

• 다른 문화와 비교해서 우열을 가릴 수 없다.

ⓛ 가치관의 차이 : 사회 구성원이 추구하는 가치관에 따라 서로 다른 문화가 형성된다.

ⓒ 지역, 시대에 따라 문화는 다양한 모습으로 나타난다.

(3) 문화를 바라보는 바람직한 태도

① 세계의 다양한 문화의 특성을 이해하고 인정하는 태도가 필요하다.

② 다른 나라의 문화를 무시하거나 과대평가하지 않는다.

③ 문화를 보편적 규범에 근거하여 비판·수용·개선하도록 한다.

④ 다양한 문화가 조화를 이루어 인류 전체가 함께 공존하고 번영하도록 노력한다.

2 다문화 사회

(1) 다문화 사회

① 의미 : 고유한 문화, 종교, 언어, 교육 등 다양한 생활 양식을 가진 사람들이 한 지역에 함께 살면서 다양한 문화가 공존하는 사회를 말한다.

② 원인 : 국제결혼의 증가, 외국인 노동자의 증가, 외국인의 유입 증가, 북한 이탈 주민 유입 증가

③ 다문화 사회의 문화적 다양성은 사회 구성원에게 선택의 폭을 넓혀 주고 삶을 풍부하게 만들어 준다.

(2) 다문화 사회의 장점

① 각 문화의 가치를 이해하고 체험할 수 있다.

② 인간의 자율성과 창의성을 높여 사회 발전에 기여한다.

③ 서로 다른 문화를 가진 사람들이 공존하기 위한 삶의 자세를 배울 수 있다.

(3) 다문화 사회의 문제점

① 다양한 문화가 섞이면서 각 지역의 전통문화들이 설 자리를 잃게 될 가능성이 있다.

② 문화적 차이로 인한 오해와 갈등이 발생한다.

③ 상대적으로 세력이 약한 문화가 무시되거나 사라지면서 개인의 정체성 혼란이 발생한다.

④ 사회 통합의 어려움 : 서로 다른 문화적 배경을 가진 사람들을 하나로 묶는 것이 어렵다.

(4) 다문화 사회의 갈등 해결 방안

① 개인적 노력

　㉠ 다양한 지식 습득 : 다른 문화적 배경을 지닌 사람들의 언어, 풍습, 종교 등을 알아보고 이해해야 한다.

　㉡ 존중과 배려의 자세 : 문화적 차이로 어려움을 겪는 사람들을 따뜻하게 배려해야 한다.

　㉢ 다양한 문화 체험 활동 : 다른 문화를 체험하면서 그 문화를 더 폭넓게 이해하고 다른 문화를 인정하고 존중하는 태도를 기를 수 있다.

② 사회적 노력

　㉠ 문화적 배경이 다른 사람들이 서로 소통할 수 있는 사회적 차원의 사업을 기획·시행한다.

　㉡ 서로 다른 각각의 문화를 이해할 수 있는 문화 적응 교육 등을 마련해야 한다.

(5) 다문화 사회에서의 올바른 태도

① 자신과 생김새와 모습이 달라도 차별하지 않는다.

② 편견 없이 상대방을 이해하는 태도를 갖는다.

③ 인류의 보편적 가치를 추구한다.

　예 인간 존중, 사랑, 평등 등

바로 확인 ▶▶

다음에서 한국 학생이 해야 할 행동으로 가장 적절한 것은?

잘 먹을게.

음식을 손으로 먹네….

외국 학생　　한국 학생

① 아무 말 없이 자리를 떠난다.
❷ 다른 문화를 존중하며 함께 식사한다.
③ 어색한 표정을 지으며 고개를 돌린다.
④ 손 대신 숟가락을 사용하도록 강요한다.

(6) 타 문화에 대한 편견 극복

편견의 의미	어떤 현상이나 집단에 대한 근거 없이 한쪽으로 치우친 생각이나 태도로, 인간 존중 정신에 위배된다.
문화적 차이로 인한 편견	자신의 기준으로 상대방을 일방적으로 판단하거나 상대방의 문화에 대해 잘 알지 못하여 발생한다.
편견의 문제점	• 편견으로 인한 오해, 차별, 비난이 발생할 수 있다. • 타인에게 부당함과 인격적 모욕을 느끼게 한다.

3 우리 문화와 세계 문화

(1) 문화 교류

① 통신 문화의 발달로 다른 나라의 정보를 쉽게 알게 되고 서로 협력할 수 있다.

② 다른 나라의 문화를 아는 것도 중요하지만 우리의 전통 문화에 대한 지식과 이해 및 활용 방법도 아는 것이 부끄럽지 않은 문화 민족의 모습이다.

③ 외국 사람들이 우리 문화를 적극적으로 배우듯이 우리도 외국의 우수한 문화를 배우는 자세가 필요하다.

④ 나라, 민족, 언어, 풍습 등을 뛰어넘는 문화 교류가 활발하게 이루어지는 현대를 살기 위해 다른 나라의 문화를 이해하고 필요한 경우 받아들인다.

⑤ 가장 중요한 생각은 우리 문화를 잘 아는 것이 세계 문화를 아는 길임을 인식하고, 우리 문화에 대한 보호와 발전에 먼저 힘써야 한다는 것이다.

(2) 외국인이 길을 물을 때의 태도

① 친절한 태도로 대한다.

② 말을 잘 알아듣지 못할 때는 그림으로 나타낸다.

③ 외국인을 안내하는 안내소로 인도한다.

(3) 우리 문화와 세계 문화

① 우리 문화에 대한 생각

　　㉠ 자랑스러운 민족의 재산이다.

　　㉡ 잘 보존하고 발전시켜야 한다.

　　㉢ 우리 문화만 세계 최고라는 생각은 옳지 않다.

② 세계 문화에 대한 생각

　　㉠ 편견을 버리고 다른 문화를 존중한다.

　　㉡ 우수한 다른 나라 문화를 인정해야 한다.

　　㉢ 우리 문화와 비교하여 어떤 점이 우수한지를 찾아볼 줄 알아야 한다.

　　㉣ 우수한 외국 문화라고 무조건 받아들이는 것은 옳지 않다.

(4) 우리는 전통 지킴이

① 우리의 자랑스러운 전통과 문화

　　㉠ 한복 : 우리나라의 전통 의상

　　㉡ 한옥 : 우리나라의 전통 가옥

　　㉢ 태권도 : 우리나라의 전통 무예

　　㉣ 사물놀이 : 꽹과리, 징, 장구, 북으로 연주하는 전통 음악

 알아두기

가장 한국적인 것이 가장 세계적인 것이다.

　가장 한국적이라는 말은 세계의 어느 곳에 내놓아도 부끄럼 없는 독창적이고 훌륭한 문화를 말한다. 가장 훌륭한 문화는 또 다른 세계의 우수한 문화를 인정할 때 상대적으로 인정받게 되는 문화이므로, 세계적인 문화가 되자면 세계가 인정하는 문화가 되어야 한다.

→ 가장 독창적이고 훌륭한 문화가 곧 세계의 제일도 된다는 말이다.

② 우리의 전통과 문화를 계승하고 발전시키기 위해 할 일

    ㉠ 우리의 것을 소중히 여기는 마음가짐을 갖는다.

    ㉡ 박물관이나 전시장 등에 가서 우리 문화재를 자주 찾아본다.

    ㉢ 자기 고장의 문화재에 관심을 갖고 주위에 알린다.

    ㉣ 문화재를 관람할 때에는 함부로 만지거나, 허가 없이 사진을 찍지 않는다.

    ㉤ 외국 사이트에 우리나라의 전통 문화를 소개한다.

    ㉥ 김치, 한복, 태권도 등 우리의 전통 문화를 세계에 알린다.

    ㉦ 문화재를 잘 관리하여, 후손들에게까지 잘 보전될 수 있도록 노력한다.

세계 유산으로 지정된 우리의 소중한 문화재

창덕궁, 수원 화성, 석굴암·불국사, 해인사 장경판전, 종묘, 경주 역사 문화 유적 지구, 고창·화순·강화 고인돌 유적, 제주 화산섬과 용암 동굴, 조선 왕릉, 한국의 역사마을(하회와 양동)

[창덕궁]

[해인사 장경판전]

세계 여러 나라의 문화유산

아폴로 신전(그리스), 피라미드(이집트), 스핑크스(이집트), 만리장성(중국), 타지마할(인도), 스톤헨지 유적(영국) 등

03 함께 꿈꾸는 무지개 세상

01 문화의 보편성이란 모든 인간 사회에서 나타나는 보편적인 문화 현상이다.

02 문화는 사회나 시대에 따라 다양한 모습으로 나타난다.

03 다문화 사회는 고유한 문화, 종교, 언어, 교육 등 다양한 생활 양식을 가진 사람들이 한 지역에 함께 살면서 다양한 문화가 공존하는 사회를 말한다.

04 다문화 사회에서의 올바른 태도
- 자신과 생김새와 모습이 달라도 차별하지 않는다.
- 편견 없이 상대방을 이해하는 태도를 갖는다.
- 인류의 보편적 가치를 추구한다.

05 편견은 어떤 현상이나 집단에 대한 근거 없이 한쪽으로 치우친 생각이나 태도이다.

06 우리 문화를 잘 아는 것이 세계 문화를 아는 길임을 인식하고, 우리 문화에 대한 보호와 발전에 먼저 힘써야 한다.

01 문화의 다양성을 보호하고 증진하는 일이 중요한 이유로 옳지 <u>않은</u> 것은?

① 여러 문화를 경험함으로써 더 나은 삶의 방식을 배울 수 있다.

② 다양한 문화적 경험을 통해 삶을 풍요롭게 만들 수 있다.

③ 우리 문화와 다른 문화를 비교하여 우열을 가릴 수 있다.

④ 문화 교류를 통해 새로운 문화를 창조할 수 있다.

01

문화의 다양성은 때로는 서로 다른 문화 간에 갈등이 발생하는 원인이 되지만, 각각의 고유한 문화들에 담긴 지혜를 슬기롭게 활용한다면 우리의 삶은 더욱 풍요로워지고 삶의 질도 높아질 수 있다.

02 다음 중 서로 다른 문화를 이해하는 바람직한 태도는?

기출

① 나와 종교가 다른 친구를 따돌린다.

② 음식을 손으로 먹는 것을 비난한다.

③ 다른 나라의 전통 놀이를 함께 체험한다.

④ 문화가 다른 사람의 말을 흉내내며 놀린다.

02

다른 나라의 전통 놀이를 함께 체험하며 다른 문화를 이해하는 태도를 가져야 한다.

03 편견 극복을 위한 자세로 보기 <u>어려운</u> 것은?

① 자신과 다른 문화권의 사람에게 자신의 문화를 강요한다.

② 각 사회에서 문화가 다르게 나타날 수 있음을 인정한다.

③ 다양한 문화에 대한 열린 자세를 갖는다.

④ 다른 문화에 대해 이해하고 존중하는 태도를 지닌다.

03

자신의 문화를 강요하는 것은 자문화 중심주의적 사고로, 문화적 편견에 해당한다.

A N S W E R

01. ③ **02.** ③ **03.** ①

04 우리나라의 전통문화와 관계 <u>없는</u> 것은?

① 농악놀이　　　　② 조선 백자

③ 디스코 춤　　　　④ 탈춤

05 문화교류가 <u>어려운</u> 까닭은?

① 서로 문화를 교류하지 않기 때문이다.

② 자기 나라의 문화를 고집하기 때문이다.

③ 나라마다 전통과 생활의식이 다르기 때문이다.

④ 서로 왕래가 어렵기 때문이다.

04

디스코 춤 : 서양에서 시작된 경쾌한 레코드 음악에 맞추어 자유롭게 추는 춤

05

문화교류가 어려운 까닭은 나라마다 전통과 생활의식이 다르기 때문이다.

ⒶⓃⓈⓌⒺⓇ

04. ③　**05.** ③

04 사랑이 가득한 지구촌

(1) 지구촌 문제

① 지구촌 문제 : 전쟁, 기아, 환경 파괴, 인종이나 민족·종교 간의 갈등, 가뭄, 질병

② 한 나라만이 아닌, 모든 지구촌 사람들이 함께 힘을 모아야만 해결할 수 있다.

용어설명 ▶ 지구촌 : 전 인류가 한 마을에 사는 것처럼 가까워진 세계

(2) 지구촌 문제의 원인

① 전쟁 : 영토 분쟁, 민족·인종 간의 갈등, 종교 분쟁 등

② 기아와 질병 : 전쟁, 가뭄·홍수 등의 자연 재해, 가난 등

③ 환경 파괴 : 공업의 발전으로 인한 오염, 무분별한 개발, 환경 보호 의식 부족 등

(3) 지구촌 이웃을 돕기 위한 마음가짐

인류애, 사랑, 배려, 나눔, 존중, 협동, 친절

용어설명 ▶ 인류애 : 인종, 민족, 국적, 종교 등의 차이를 초월한 모든 인류를 널리 사랑하는 것

전 세계에서 영양 실조로 사망하는 어린이가 많은 까닭

- 전쟁으로 인하여 부모가 사망한 경우 고아가 된 어린이들이 스스로 먹을 것을 마련하지 못하여 굶게 된다.
- 전쟁, 질병, 천재 지변 등으로, 특히 가뭄이 계속되어 농사를 지을 수 없기 때문에 식량 부족 현상이 일어나 어린이들이 굶게 된다.
- 위와 같은 경우의 어린이들을 돕는 방법
  식량을 모아서 보내기, 의약품을 모아서 보내기(의료진 포함), 돈·의복·일상 생활용품 등 보내기

(4) 지구촌 문제를 서로 돕지 않을 때 중요*

① 질병과 기아에 시달리는 사람이 늘어난다.

② 국가 간의 분쟁이 발생하게 된다.

③ 모든 국가가 항상 긴장 속에서 살게 된다.

④ 생태계가 파괴되고 인간이 살아가기 어려워진다.

(5) 지구촌 문제 해결방안

① 상호존중과 공존의 태도를 취한다.

② 문화 교류, 체육 교류 등을 활성화한다.

③ 전쟁을 위한 준비보다 평화를 위한 준비를 위해 노력한다.

④ 환경과 동식물을 보호하기 위해 노력한다.

⑤ 지구촌 이웃의 상황을 생각하며 행동한다.

⑥ 자기 나라의 이익만이 아니라 인류공동의 이익을 추구한다.

(6) 지구촌의 문제를 해결하기 위한 노력

① 한국 국제 협력단의 해외 봉사단

　㉠ 개발 도상 국가의 경제·사회 발전을 돕고, 그들 나라와의 우호를 증진시키기 위하여 파견한다.

　㉡ 베트남, 이집트 등 40여 개발도상국에 파견되어 한국어, 태권도, 컴퓨터, 자동차 정비 등을 가르치고 있다.

② 유엔(UN) : 세계 평화와 안전을 위해 일하는 세계 최대의 단체

　㉠ 한국 전쟁 당시 미국을 포함한 16개국이 보낸 군인들을 유엔군으로 조직하여 전쟁에 참여하여 공산군을 물리치는 평화 활동을 전개한다.

　㉡ 지금도 세계 도처에서 일어나고 있는 분쟁과 전쟁을 막고 평화와 안전을 위해 노력하고 있다.

③ 국경 없는 의사회

　㉠ 프랑스 파리에 본부를 두고 있으며, 전쟁이나 자연 재해로 피해를 입은 사람들 또는 의료나 보건 지원을 필요로 하는 사람들의 고통을 줄여 주는 일을 하는 민간 단체이다.

　㉡ 1999년 노벨 평화상을 수상하였다.

④ 유니세프 : 개발이 덜 된 나라의 어린이복지 향상을 위해 일하는 기구(국제 연합아동 기금)이다.

바로 확인 ▶▶

다음과 같은 봉사 활동과 관련 있는 국제 기구는?

- 전쟁, 질병 등으로 고통받는 사람들을 치료한다.
- 의료 혜택을 받지 못하는 세계 각국의 사람들에게 도움을 준다.

① 공정 거래 위원회
② 국가 인권 위원회
❸ 국경 없는 의사회
④ 국제 올림픽 위원회

⑤ 세계 어린이 환경 회의 : 어린이와 청소년들의 환경 보호 활동을 위한 단체이다.

⑥ 국제 비정부 기구(엔지오) : 국제 연합에 지구촌 문제에 대한 여론을 반영하기 위해 전 세계 시민 단체들로 조직된 국제 민간 단체이다.

⑦ 굿네이버스 : 세계 여러 나라에서 국제구호개발 사업과 전문사회복지사업을 통해 굶주림 없고 더불어 함께 사는 세상을 만들기 위한 활동이다.

⑧ 세계보건기구(WHO) : 전 세계의 질병을 예방하고 건강 증진을 위해 애쓴다.

⑨ 유네스코 : 교육 과학 및 문화의 보급과 교류를 통하여 세계 평화를 도모하는 기구(국제 연합 교육 과학 문화 기구)

바로 확인 ▶▶

다음 단체들이 추구하는 공통적 가치로 가장 적절한 것은?

- 유니세프(UNICEF)
- 국경 없는 의사회
- 세계보건기구(WHO)

❶ 인류사랑　　② 전쟁지원
③ 환경파괴　　④ 평화위협

⑩ 그 외의 단체 : 남북 어린이 어깨동무, 환경 운동 연합, 인권단체, 그린피스, 반핵 단체, 전쟁 반대 단체, 구호 단체 등

(7) 어린이가 하는 지구촌 평화 활동

① 나보다 어려운 친구를 이해하고 돕는 일

② 환경을 깨끗하게 지키는 일

③ 위험에 빠진 동물을 구해 주는 일

④ 용돈을 아껴서 재해 국가의 어린이를 돕는 기금을 내는 일

⑤ 쌀을 모아서 굶주리는 나라에 보내 주는 일

⑥ 약품, 일용품을 가난한 나라의 어린이에게 보내 주는 일

⑦ 고통을 받는 나라의 어린이에게 위로와 격려의 편지를 보내는 일 등

(8) 모든 사람들이 평화롭게 살기 위한 방법

① 자유를 빼앗으면 안 된다.

② 자유를 잃은 사람들의 자유를 찾아 준다.

③ 각 나라와 약속한 것을 꼭 지킨다.

04 사랑이 가득한 지구촌

01 지구촌이란 전 인류가 한 마을에 사는 것처럼 가까워진 세계를 말한다.

02 지구촌 이웃을 돕기 위한 마음가짐 : 인류애, 사랑, 배려, 나눔, 존중, 협동, 친절

03 지구촌 문제의 원인 : 전쟁, 기아와 질병, 환경 파괴

04 지구촌 문제 해결방안
- 상호존중과 공존의 태도를 취한다.
- 문화 교류, 체육 교류 등을 활성화한다.
- 전쟁을 위한 준비보다 평화를 위한 준비를 위해 노력한다.
- 환경과 동식물을 보호하기 위해 노력한다.

05 유엔(UN)은 세계 평화와 안전을 위해 일하는 세계 최대의 단체이다.

06 전쟁이나 자연 재해로 피해를 입은 사람들 또는 의료나 보건 지원을 필요로 하는 사람들의 고통을 줄여 주는 일을 하는 민간 단체는 국경 없는 의사회이다.

07 유니세프는 개발이 덜 된 나라의 어린이 복지 향상을 위해 일하는 기구이다.

08 세계보건기구는 전 세계의 질병을 예방하고 건강 증진을 위해 애쓴다.

01 세계를 '지구촌'이라고 부르게 된 까닭은 무엇인가?

① 우주여행을 할 수 있게 되었기 때문에

② 교통과 통신의 발달로 세계가 가까워졌기 때문에

③ 무역이 발달하였기 때문에

④ 국가 간의 협력이 줄어들었기 때문에

01

지구촌은 마을 사람들이 한 집안처럼 서로 잘 알고 가까이 지내듯이 세계 여러 나라가 한 마을처럼 서로 잘 알고 서로 도우며 살아야 한다는 뜻에서 붙여진 이름이다.

02 전쟁 피해, 재해와 가난으로 고통받는 전세계 어린이들을 돕는 국제기구는? **기출**

① 국제통화기금(IMF)

② 유니세프(UNICEF)

③ 유네스코(UNESCO)

④ 남북 어린이 어깨동무

02

유니세프 : 개발이 덜 된 나라의 어린이 복지 향상을 위해 일하는 기구(국제연합아동 기금)이다.

03 다음과 가장 관련 있는 지구촌 문제는? **기출**

• 지구가 더워지고 있어요.
• 빙하가 녹고 있어요.
• 북극곰이 살기 힘들어요.

① 언어 장벽　　② 인종 차별

③ 종교 갈등　　④ 환경 파괴

03

지구 온난화는 지구가 점점 더워져서 북극의 빙하가 녹고 북극에 사는 북극곰과 같은 생물들이 서식지를 잃는 현상을 말한다. 이는 우리 지구촌이 해결해야 할 환경 파괴 문제의 한 사례이다.

A N S W E R

01.② 02.② 03.④

04 다음 중 어린이가 하는 지구촌 평화 활동으로 옳지 않은 것은?

① 위험에 빠진 동물을 구해 준다.

② 나보다 어려운 친구를 이해하고 돕는다.

③ 환경을 깨끗하게 지킨다.

④ 자기 나라가 아니므로 고통을 받는 나라의 어린 이는 위로하지 않아도 된다.

04
고통을 받는 나라의 어린이에게 위로와 격려의 편지를 보낸다.

05 인류애를 기르기 위한 마음가짐으로 알맞지 않은 것은?

기출
① 사회적 약자를 도운 후 대가를 바란다.

② 모든 사람이 똑같이 소중하다고 생각한다.

③ 어려운 사람을 따뜻한 마음으로 도와준다.

④ 세계 여러 나라 사람과 평화롭게 살기를 바란다.

05
인류애란 인류 전체에 대한 사랑을 말 하는데, 대가를 바라고 사회적 약자를 돕는 것은 인류애를 기르기 위한 마음 가짐이라고 할 수 없다.

06 다음 중 지구촌 문제 해결방안으로 옳지 않은 것은?

① 전쟁을 위한 준비보다 평화를 위한 준비를 위해 노력한다.

② 상호존중과 공존의 태도를 취한다.

③ 자기 나라의 이익을 우선 추구한다.

④ 환경과 동식물을 보호하기 위해 노력한다.

06
③ 자기 나라의 이익만이 아니라 인류 공동의 이익을 추구한다.

A N S W E R
04. ④ **05.** ① **06.** ③

07 ㉠에 들어갈 말로 가장 적절한 것은?

기출

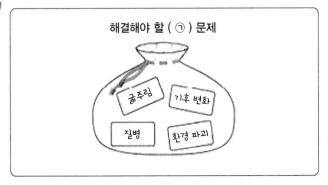

해결해야 할 (㉠) 문제

굶주림

기후 변화

질병

환경 파괴

① 가정 　　　　② 친구
③ 학교 　　　　④ 지구촌

08 지구촌 사람들이 평화롭게 살기 위해서 해야 할 일이 <u>아닌</u> 것은?

① 외국인을 미워한다.
② 전쟁 무기를 줄인다.
③ 어려울 때 서로 도와준다.
④ 다른 나라 문화도 이해한다.

01 다음 중 진정한 의미의 통일을 이루기 위해 할 일이
<u>아닌</u> 것은?

① 통일을 간절히 바라는 마음을 갖는다.

② 북한 동포들의 삶에 관심을 갖지 않는다.

③ 전통문화를 잘 이어 나간다.

④ 마음을 하나로 통일한다.

01
북한 동포들에 대해 잘 알고 있어야 진
정한 의미의 통일을 이룰 수 있다.

02 통일 한국의 모습이 <u>아닌</u> 것은?

① 산업 발전이 더 빨라진다.

② 군사비 부담이 줄게 된다.

③ 핵무기 개발이 더 빨라진다.

④ 이산가족이 만나게 된다.

02
남북한이 통일된 다음의 모습
• 이산가족이 만나게 된다.
• 산업 발전이 더 빨라진다.
• 문화 활동을 같이 하게 된다.
• 군사비 부담이 줄게 되어 선진국형
생활을 하게 된다.

03 평화 통일을 위해 할 일이 <u>아닌</u> 것은?

① 금강산 관광사업

② 핵무기 공동 개발

③ 체육교류

④ 남북 이산가족 만남

03
평화 통일을 위한 노력의 예
• 이산가족의 만남부터 추진하고 실천
한다.
• 식량 등을 지원하여 북한 주민을 돕
는다.
• 문화 행사 등을 통하여 동질감을 불
러 일으킨다.
• 자유롭게 오고 갈 수 있는 기회를 자
주 갖는다.
• 편지 등 소식을 전하게 한다.
• 대회를 열어 친하게 지내게 한다.

ANSWER
01. ② 02. ③ 03. ②

04 통일을 앞당기는 방법이라고 할 수 없는 것은?

① 핵무기를 개발하여 북한을 쳐들어간다.

② 통일을 이룩할 수 있다는 자신감을 갖는다.

③ 나라의 힘을 튼튼히 한다.

④ 국민의 뜻을 하나로 모은다.

05 우리가 원하는 통일의 입장은 어떠한 것인가?

① 현재 상태의 계속적인 유지

② 북한의 의사를 무시한 통일

③ 강대국의 결정에 따르는 통일

④ 남북의 평화적인 통일

06 다음 중 남북통일에 대한 생각으로 바른 것은?

① 통일에 대하여 관심을 가지지 않는다.

② 통일을 다른 나라에 부탁한다.

③ 무력으로 통일을 한다.

④ 평화적으로 통일을 한다.

07 다음 중 통일이 되면 좋은 점은 무엇인가?

① 해외 여행을 자유로이 할 수 있다.

② 이산가족이 많이 생긴다.

③ 단일 민족으로 훌륭한 국가를 이룬다.

④ 군인의 수가 늘어난다.

08 남북 통일을 위한 우리의 노력으로 바람직한 것은?

① 통일 의지를 갖고 남북 대화를 한다.

② 북한이 개방될 때까지 기다린다.

③ 무기를 수입한다.

④ 무엇이든 경쟁에서 이기도록 노력한다.

08
바람직한 통일의 과정
• 북한의 자원과 우리의 기술이 만나면 부자가 될 것이고, 그러다 보면 자연스럽게 통일을 이룰 것이다.
• 경제 협력을 통해 통일을 준비한다.
• 남북 회담을 통해 평화적으로 통일을 이루도록 한다.

09 다음 내용 중 옳지 <u>않은</u> 것은?

① 다문화 사회의 갈등이 심화하면, 우리 사회를 위협하는 불안 요소가 될 수도 있다.

② 다문화 사회에서 그 사회의 고유한 문화는 옳고 이주민들의 문화는 틀렸다고 볼 수 있다.

③ 문화적 차이에 대한 이해가 부족할 경우 서로 다른 문화적 배경을 가진 사람들 사이에서 갈등이 발생할 수 있다.

④ 다양한 문화 체험 활동에 참여하는 것은 문화 간 공존과 화합을 위한 노력이다.

09
다문화 사회에서는 자문화 중심주의와 문화 사대주의를 극복하는 올바른 태도를 가져야 한다.

10 국제 문화 교류 태도로 가장 바람직한 것은?

① 우리 문화에 대한 자부심을 갖는다.

② 자랑할 만한 우리 문화유산은 숨겨 둔다.

③ 외국 문화라면 모두 받아들인다.

④ 외국 문화는 무조건 나쁘다고 생각한다.

10
다른 나라의 문화를 아는 것도 중요하지만 우리의 전통 문화에 대한 자부심을 갖는 것도 바람직한 자세이다.

ANSWER
08. ① 09. ② 10. ①

11 다문화 사회에서 갈등이 발생하는 원인으로 적절하지 <u>않은</u> 것은?

① 다른 문화의 관점에서 자신의 문화를 성찰하려고 하기 때문이다.

② 문화에 따라 다른 예절이나 생활 습관으로 인해 오해가 생기기 때문이다.

③ 서로 자기 문화만을 강조하기 때문이다.

④ 자신과 다른 문화를 틀린 것이라고 생각하기 때문이다.

11

다문화 사회에서 갈등이 발생하는 원인은 서로 다른 문화적 차이를 인정하지 않는 태도가 편견과 고정 관념을 가지기 때문이다.

12 각 사회의 문화가 다양한 이유가 <u>아닌</u> 것은?

① 각 사회마다 서로 다른 자연환경을 가지고 있기 때문에

② 다양한 역사적 경험에 적응하면서 발달했기 때문에

③ 사회마다 추구하는 가치관이 다르기 때문에

④ 인간이면 누구나 가지고 있는 보편적 특성 때문에

12

인간이면 누구나 가지고 있는 보편적 특성은 보편성의 사례에 해당한다. 각 사회의 문화가 다양한 이유는 각 사회마다 자연환경, 역사적 경험, 추구하는 가치가 다양하기 때문이다.

13 우리의 전통 문화를 계승·발전시키는 방법으로 알맞은 것은?

① 전통 예절을 알고 실천한다.

② 김치와 된장을 먹지 않는다.

③ 전통 문화는 버린다.

④ 컴퓨터 게임을 많이 한다.

13

전통 문화를 계승·발전시키기 위해서는 전통 문화를 잘 이해하고, 이를 생활에서 실천에 옮겨야 한다.

─ A N S W E R ─

11. ① **12.** ④ **13.** ①

14 다양한 문화를 이해하고 존중하기 위한 행동은?

① 우리 문화만 우월하다고 생각한다.

② 우리 문화를 지키면서 다른 문화를 인정한다.

③ 다른 문화를 무조건 받아들인다.

④ 다른 문화는 무시한다.

14
다른 문화를 존중하되 무조건 받아들이지 말고, 우리 문화를 아끼고 사랑하되 우리 것만이 최고라고 생각하지 않는다.

15 우리의 문화유산을 소중히 해야 하는 까닭은?

① 관리하는 데 비용이 들지 않아서

② 박물관에 전시하기 위해서

③ 외국인에게 자랑하고 비싸게 팔아야 하기 때문에

④ 조상의 얼과 생활의 지혜가 담겨 있으므로

15
조상의 얼과 생활의 지혜가 담겨 있으므로 우리의 문화유산을 소중히 해야 한다.

16 세계적으로 자랑할 만한 우리 문화가 <u>아닌</u> 것은?

① 만리장성   ② 한글

③ 태권도   ④ 불국사

16
① 만리장성은 중국에 있다.

17 우리 문화 발전의 장애 요인과 거리가 <u>먼</u> 것은?

① 몽고의 침략, 임진왜란으로 문화재가 손실되었기 때문에

② 8 · 15 광복, 6 · 25를 거치면서 무분별한 외래 문화가 도입되었기 때문에

③ 다른 나라의 문화를 우리 실정에 맞게 도입하여 재창조하였기 때문에

④ 일본의 지배로 인하여 문화 전통이 단절되었기 때문에

17
다른 나라의 문화를 우리 실정에 맞게 도입하여 재창조하는 것은 우리 문화의 발전 요인이다.

ANSWER

14. ② **15.** ④ **16.** ① **17.** ③

18 다음과 같은 활동을 하는 국제적인 단체는?

> • 의료 지원을 받지 못하거나 전쟁, 질병, 자연재해 등으로 고통받는 사람들을 돕는다.
> • 1971년 프랑스의 베르나르 쿠슈네르가 설립하였다.
> • 1999년에 노벨 평화상을 받았다.

① 국경 없는 의사회　　② 유니세프
③ UN　　　　　　　　④ 유네스코

19 인류가 평화롭게 살아가는 방법이 <u>아닌</u> 것은?

① 어려운 일을 당하면 서로 돕는다.
② 얼굴은 달라도 똑같은 인간으로 생각한다.
③ 전쟁 무기를 개발한다.
④ 서로 다른 문화를 이해한다.

20 우리나라의 문화 발전을 위해 바람직하지 <u>못한</u> 태도는?

① 세계 각국과 폭넓은 문화 교류를 한다.
② 외국 문화를 우리 실정에 맞게 받아들인다.
③ 우리 것만을 끝까지 고집한다.
④ 우리 전통 문화를 아끼고 발전시킨다.

21 세계 여러 나라들이 지구촌이 되어 가고 있는 이유는?

① 각 나라들이 강대국을 중심으로 뭉쳐서
② 교통·통신의 발달로 점점 교류가 많아서
③ 지구의 크기가 자꾸 줄어들고 있어서
④ 사람들이 시골로 이사를 오기 때문에

22 다음 중 우리의 문화유산이 <u>아닌</u> 것은?

① 스포츠 – 테니스　② 주생활 – 온돌

③ 의생활 – 한복　④ 식생활 – 김치

우리나라의 문화유산 : 김치, 온돌, 한복, 태권도, 사물놀이, 첨성대, 금속활자, 한글, 비비밥 등

23 다음 중 문화 교류에 대한 설명으로 옳지 <u>않은</u> 것은?

① 통신 문화의 발달로 다른 나라의 정보를 쉽게 알게 되고 서로 협력할 수 있다.

② 가장 중요한 생각은 우리 문화를 잘 아는 것이 세계 문화를 아는 길임을 인식하고, 우리 문화에 대한 보호와 발전에 먼저 힘써야 한다는 것이다.

③ 나라, 민족, 언어, 풍습 등을 뛰어넘는 문화 교류가 활발하게 이루어지는 현대를 살기 위해 다른 나라의 문화를 이해하고 필요한 경우 받아들인다.

④ 외국 문화를 배우는 것보다 우리의 문화를 보존하기 위한 노력만 해야 한다.

외국 사람들이 우리 문화를 적극적으로 배우듯이 우리도 외국의 우수한 문화를 배우는 자세가 필요하다.

ⒶⓃⓈⓌⒺⓇ

22. ① **23.** ④

NOTE

술술풀리는

초졸 검정고시
도덕

2025년 1월 10일 개정판 발행
2012년 1월 19일   초판 발행

편 저 자 검정고시 학원연합회
발 행 인 전 순 석
발 행 처 정훈사
주   소 서울특별시 중구 마른내로 72, 421호 A
등   록 제2014-000104호
전   화 (02) 737-1212
팩   스 (02) 737-4326